Finanzierung

Finanzierung

Das Kernwissen
kompakt und prägnant

Gunter Löffler

Bibliografische Information der Deutschen Nationalbibliothek:
Die Deutsche Nationalbibliothek verzeichnet diese Publikation
in der Deutschen Nationalbibliografie; detaillierte bibliografische
Daten sind im Internet über http://dnb.dnb.de abrufbar.

Herstellung und Verlag:
BoD – Books on Demand, Norderstedt

ISBN: 9783752813388

Vorwort

1 Finanzierungsformen und Finanzmärkte   1
   1.1   Einleitung.. 1
   1.2   Finanzierungsformen... 2
   1.3   Eigenkapital... 4
   1.4   Fremdkapital... 8
   1.5   Börsenhandel... 10

2 Kapitalkosten   13
   2.1   Einleitung.. 13
   2.2   Bestimmung von Eigenkapitalkosten über Dividendendiskontierung........... 14
   2.3   Kapitalkosten und Unternehmenswert.. 28

3 Risiko und Rendite   39
   3.1   Einleitung.. 39
   3.2   Risiko und Rendite am Kapitalmarkt.. 39
   3.3   Portfoliorendite und Risiko... 52
   3.4   Schätzen von Risikoparametern.. 61
   3.5   Entscheidungstheorie: Konzepte für rationales Entscheiden......... 65

4 Portfoliotheorie und CAPM   75
   4.1   Einleitung.. 75
   4.2   Portfoliotheorie.. 75
   4.3   Das Capital Asset Pricing Modell (CAPM)................................. 88

5 Unternehmensbewertung   104
   5.1   Einleitung.. 104
   5.2   Discounted-Cash-Flow–Methode (DCF).................................... 105
   5.3   Wertorientierte Unternehmenssteuerung.................................. 112
   5.4   Relative Unternehmensbewertung – Bewertung mit Multiples ... 114

6 Derivate: Optionen, Forwards und Futures   118
   6.1   Einleitung.. 118
   6.2   Optionen... 119
   6.3   Bewertung von Optionen... 126
   6.4   Forwards und Futures 142
   6.5   Wie passt alles zusammen?.. 146

7 Schlussbemerkungen – Wie man Finanztheorie prägnant charakterisieren könnte   147

"…silently moving, a silent ship"

Vorwort

Statt vieler Worte wollen wir hier nur ein paar Situationen aufführen, in denen das Wissen aus diesem Buch hilfreich sein kann:

- ☐ Sie wollen wissen, wie man einen Nobelpreis gewinnt.
- ☐ Ein Unternehmen will die Vorteilhaftigkeit eines neuen Investitionsprojekts prüfen und ermittelt dafür die Finanzierungskosten.
- ☐ Ein Unternehmen prüft den Erwerb eines anderen Unternehmens und möchte dafür abschätzen, welcher Kaufpreis angemessen ist.
- ☐ Jemand legt Geld in Aktienfonds an, um damit im Alter die gesetzliche Rente aufzubessern. Mit welcher Rendite kann darauf bis zum Rentenbeginn gerechnet werden und wie groß ist die damit verbundene Unsicherheit?
- ☐ Es soll festgestellt werden, mit welchem Wert Aktienoptionen angesetzt werden, die Managern im Rahmen einer leistungsorientierten Vergütung gewährt wurden.

Nobelpreis deshalb, weil Sie in dem Buch Erkenntnissen begegnen, die für die Vergabe von sieben Nobelpreisen maßgeblich waren.

Mit Ausnahme des ersten Kapitels, das in die institutionellen Grundlagen der Finanzierung einführt, ist das Buch eher formal-quantitativ orientiert. Bewertungskonzepte, Modelle und statistische Verfahren werden ausführlich beschrieben und erklärt. Dabei kommen aber auch Intuition und Anwendung nicht zu kurz. Das Niveau des Buches liegt auf dem einer Einführung in die Finanzierungstheorie im Rahmen eines Bachelorstudiums.

Das Buch ist bewusst kurz gehalten, damit Sie sich auf die wesentlichen Konzepte konzentrieren können. Wenn Sie Ihre Kenntnisse einüben und umsetzen wollen, finden Sie auf der Webseite

finanzierungsbuch.wordpress.com

Excel-Dateien sowie Links zu didaktischen Videos. Auch Errata für diese Auflage werden dort eingestellt.

Wenn Sie Fehler entdecken, etwas unklar finden oder vermissen, schreiben Sie doch eine E-Mail an: gunter.loeffler@uni-ulm.de

Gunter Löffler

1 Finanzierungsformen und Finanzmärkte

Schlüsselbegriffe: Eigenkapital, Fremdkapital, Venture Capital, Börsengang, Kapitalerhöhung.

1.1 Einleitung

Wie kommen Unternehmen an Kapital? Schauen wir uns als Beispiel wichtige Finanzierungsstationen des Unternehmens Google an:

> Im August 1998 stellen Larry Page and Sergey Brin ihre Idee vor – auf der Veranda eines ihrer Professoren. Andy Bechtolsheim, einer der Gründer von Sun Microsystems, ist begeistert. Er geht zu seinem Auto, um einen Scheck zu holen. Er stellt einen Scheck über 100.000 Dollar aus, zahlbar an Google Inc., und gibt ihn den beiden. Zu diesem Zeitpunkt gibt es noch nicht einmal ein Google-Bankkonto, auf das die beiden den Scheck einzahlen könnten…

> Darauf geht es mit dem Unternehmen richtig los — in einer Garage. 1999 zieht das Unternehmen um und bekommt die nächste große Kapitalspritze: 25 Millionen Dollar von den Beteiligungsgesellschaften Sequoia Capital und Kleiner Perkins.

> In den Jahren darauf finanziert sich Google durch eigene Gewinne und die Ausgabe von Aktien an Mitarbeiter. Der nächste große Schritt kommt 2004. Google geht an die Börse. Durch den Verkauf von Aktien kommen über eine Milliarde Dollar in die Unternehmenskasse.

Investoren wie Andy Bechtolsheim, die in der Gründungsphase Geld bereitstellen und dafür am Unternehmen beteiligt werden, nennt man *Business Angels*. Gesellschaften wie Sequoia Capital und Kleiner Perkins nennt man *Venture Capital* oder kurz *VC*-Gesellschaften.

Was man bei dieser Geschichte vielleicht vermisst, sind Bankkredite als Finanzierungsquelle. Bei jungen Unternehmen ist es aber gar nicht so unüblich, dass die Finanzierung ganz oder vorwiegend aus Beteiligungen stammt. Warum? Wenn eine Bank einen Kredit an ein junges Unternehmen gibt, ist das Risiko sehr hoch, dass aus der Geschäftsidee nichts wird und die Bank das Geld nicht zurückbekommt. Manche Unternehmen werden natürlich erfolgreich, dann bekommt die Bank ihr Geld samt Zinsen zurück. Der damit verbundene Gewinn ist aber im Vergleich zu den möglichen Verlusten recht klein, wenn man die Zinsen nicht ins Astronomische steigen lässt, was wiederum den Unternehmen keine Luft zum Atmen ließe. Anders bei Investoren wie Andy Bechtolsheim: Sie können auch schnell ihre 100.000 Dollar verlieren. Wenn es aber gut geht, können aus ihrer Beteiligung viele Millionen oder gar Milliarden werden. Denn wenn man sich mit 100.000 Dollar an einem ganz jungen Unternehmen beteiligt, bekommt man dafür einen hohen Anteil an dem Unternehmen. Und der kann später entsprechend viel wert werden. Ähnlich ist es bei Venture Capital Gesellschaften. Ein weiterer Grund für die

Abstinenz von Banken ist, dass bei der Analyse von jungen Unternehmen ganz andere Dinge zu beachten sind als im traditionellen Kreditgeschäft. Für die meisten Banken lohnt es sich nicht, spezielle Expertise in diesem Bereich aufzubauen.

1.2   Finanzierungsformen

Um einen Überblick über die unterschiedlichen Finanzierungsformen zu bekommen, ist es sinnvoll, sie zu systematisieren.

Die erste wichtige Klassifikation ist die nach der Rechtsstellung der Kapitalgeber.

Stellt man Eigenkapital bereit, wird man zum (Mit)eigentümer des Unternehmens. Man hat einen Anspruch auf eine Beteiligung am Unternehmenserfolg. Dieser ist aber nicht in der Höhe festgelegt, sondern variabel. Wie viel man bekommt, hängt vom Unternehmenserfolg ab, aber auch davon, welchen Anteil man am Unternehmen hat. Im Verlustfall ist die Haftung bei einer Kapitalgesellschaft (z.B. Aktiengesellschaft) auf die Eigenkapitaleinlage beschränkt. Bei einer Personengesellschaft haftet man zusätzlich noch mit dem Privatvermögen. Weiterhin kann man als Eigenkapitalgeber Einfluss auf die Unternehmensleitung nehmen, z.B. indem man als Aktionär/in auf der Hauptversammlung über die Besetzung des Aufsichtsrats entscheidet, der wiederum den Vorstand bestellt. Großaktionäre sind auch oft selbst im Aufsichtsrat Mitglied.

Stellt man Fremdkapital bereit, wird man zum Gläubiger. Man hat einen der Höhe nach festgelegten Anspruch auf Rückzahlung. Dieser Anspruch steht über den Ansprüchen der Eigenkapitalgeber, muss also vorrangig erfüllt werden. Fremdkapitalgeber haben dafür kein Recht, über die Leitung des Unternehmens mitzubestimmen.

Die zweite wichtige Klassifikation ist die nach der Herkunft des Kapitals.

Wird dem Unternehmen zusätzliches Kapital von Quellen außerhalb des Unternehmens zur Verfügung gestellt, spricht man von Außenfinanzierung oder externer Finanzierung. Wenn jemand schon einmal Eigenkapital zur Verfügung gestellt hat und nun erneut Eigenkapital einzahlt, spricht man übrigens auch von Außenfinanzierung, da die betreffenden Mittel ja bislang außerhalb des Unternehmens waren und nun erst in das Unternehmen fließen.

Wenn ein Unternehmen selbst Mittel generiert, spricht man von Innenfinanzierung oder interner Finanzierung.

Schauen wir uns einfach ein paar Beispiele an (Abb. 1.1 bietet eine Übersicht):

Abb. 1.1: Übersicht über Finanzierungsformen

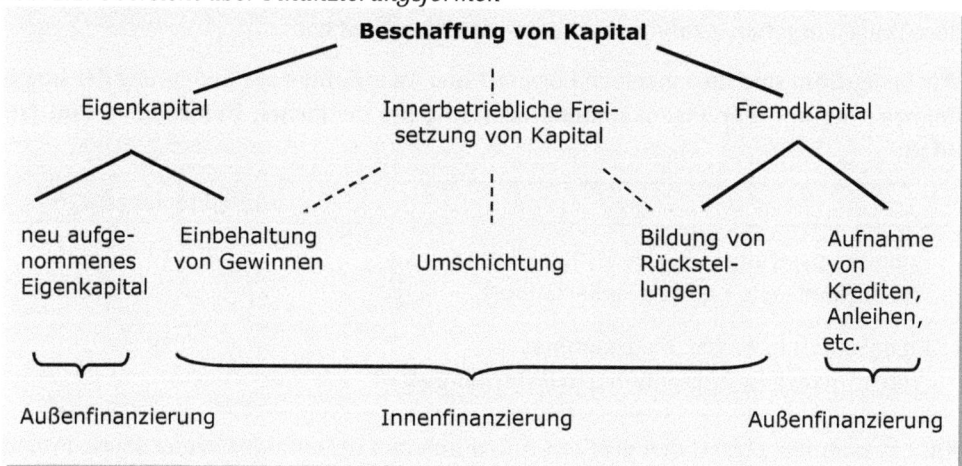

- Ein Unternehmen nimmt einen Bankkredit auf: Es handelt sich um Fremdkapital, das im Rahmen einer Außenfinanzierung bereitgestellt wird.

- Ein Unternehmen erwirtschaftet Gewinne, die es nicht ausschüttet, sondern im Unternehmen belässt. Es handelt sich um eine Eigenkapitalfinanzierung (einbehaltene Gewinne erhöhen das Eigenkapital), die im Rahmen einer Innenfinanzierung erfolgt.

- Ein Unternehmen verkauft ein Grundstück. Hier spricht man auch von einer Innenfinanzierung, da durch den Verkauf Mittel freigesetzt werden. Allerdings werden dadurch weder Eigen- noch Fremdkapital erhöht, es wird lediglich umgeschichtet.

- Ein Unternehmen verspricht seinen Arbeitnehmern eine Betriebsrente und bildet dafür Rückstellungen: Es handelt sich um Fremdkapital (die Gläubiger sind hierbei die Arbeitnehmer, die Ansprüche auf eine spätere Rente haben), das im Rahmen einer Innenfinanzierung bereitgestellt wird.

Bei den Rückstellungen könnte man sich fragen, warum es hier überhaupt zu einer Finanzierung kommt. Der Gedanke ist nicht ganz falsch. Wenn ein Unternehmen keinen Euro verdient, bekommt es auch kein zusätzliches Kapital, nur weil es Rückstellungen bildet. Wenn das Unternehmen aber positive Einzahlungsüberschüsse erwirtschaftet und nun Rückstellungen bildet, mindern die Rückstellungen den Unternehmensgewinn. Entsprechend weniger kann an die Eigenkapitalgeber ausgeschüttet oder als Gewinn einbehalten werden. Das, was an Einzahlungsüberschüssen vorliegt, aufgrund der Rückstellungen aber im Unternehmen bleiben muss, erhöht die aktuell zur Verfügung stehenden Mittel – denn die Betriebsrente muss ja erst in einigen Jahren gezahlt werden. Entsprechendes gilt für die Finanzierung aus Abschreibungen. Gleicht man den

Wertverlust bestehender Anlagen nicht aus, kann man umschichten und Mittel für andere Dinge ausgeben – sofern man diese Mittel verdient hat.

Wie bedeutsam sind die einzelnen Formen? Hier zwei Zahlen zur Bedeutung der Innenfinanzierung und der Eigenkapitalfinanzierung bei deutschen Unternehmen im Jahr 2018:[1]

	Anteil im Jahr 2018
Innenfinanzierung in % des Mittelaufkommens (nichtfinanzielle Kapitalgesellschaften)	70
Eigenkapital in % der Bilanzsumme (nichtfinanzielle börsennotierte Unternehmen)	28

Kurz zusammengefasst: den größten Anteil nehmen Innenfinanzierung sowie Fremdkapital ein.

1.3 Eigenkapital

In diesem Abschnitt, in dem es um die Details der Eigenkapitalfinanzierung geht, wollen wir uns der Überschaubarkeit zuliebe auf das Eigenkapital einer Aktiengesellschaft beschränken.

Wenn ein Unternehmen Aktien verkauft, erhöht sich damit das Eigenkapital; wenn es Gewinne einbehält, ebenso. Dies wird in der Bilanz in verschiedenen Positionen festgehalten, die wir uns hier nicht näher anschauen wollen.

Bei der Ausgabe von Aktien werden vor allem die folgenden zwei Gattungen unterschieden:

▪ Stammaktien: Das ist die Standardform. Sie haben u.a. Anteil an der Gewinnausschüttung und ein Stimmrecht auf der Hauptversammlung.

▪ Vorzugsaktien: Üblicherweise haben Vorzugsaktien kein Stimmrecht. Dieser Nachteil wird dadurch ausgeglichen, dass die Aktien gegenüber Stammaktien eine höhere Gewinnausschüttung bekommen.

Die Gewinnausschüttung nennt man Dividende. Sie erfolgt in Deutschland einmal jährlich, in den USA viermal jährlich.

---

[1] Quellen: Deutsche Bundesbank. 2019. Ergebnisse der gesamtwirtschaftlichen Finanzierungsrechnung für Deutschland - 2013 bis 2018. Statistische Sonderveröffentlichung 4; Reihe BBDB2.A.DE.N.A.C.IFRS.B.A.K.P.P003.VWM.A der Deutschen Bundesbank.

Welchen Stimm- und Dividendenanteil eine Aktie verbrieft, kann über den Nennwert geregelt werden. Der Anteil einer Aktie ergibt sich als Nennwert der betreffenden Aktie durch die Summe der Nennwerte aller ausgegebenen Aktien. Alternativ – und heute üblich – gibt man nennwertlose Stückaktien aus. Der Anteil einer Aktie ist dann 1 / Anzahl aller Aktien.

Die Aktien einer AG sind nicht automatisch an der Börse notiert. Wie kommen die Aktien also dorthin? Es beginnt mit einem Börsengang oder kurz IPO für *Initial Public Offering*. Der typische Ablauf ist wie folgt: Das Unternehmen informiert potentielle Anleger mit einem Emissionsprospekt und durch Informationsveranstaltungen. Dabei wird es in der Regel von Investmentbanken unterstützt. Mit deren Hilfe wird auch die Kaufbereitschaft der Investoren ausgelotet. Nachdem Unternehmen, Banken und Investoren die Lage sondiert haben, beginnt die Zeichnungsfrist, innerhalb derer Investoren Kaufaufträge abgeben können, also z.B. der Bank mitteilen: „Ich möchte 10.000 Aktien und bin bereit, pro Aktie 20 Euro zu zahlen." Auf Basis dieser Aufträge wird von den Investmentbanken und dem Unternehmen ein Emissionskurs festgelegt. Zu diesem Kurs werden die Aktien an die Investoren gemäß ihrer Aufträge verkauft. Ist die Nachfrage größer als die Zahl der zu verkaufenden Aktien, überlässt man die Entscheidung dem Los oder teilt nach sonstigen Kriterien zu.

Während dieses Prozesses hat das Unternehmen auch die Börsenzulassung für die Aktien beantragt. Wenige Tage nachdem die Aktien verkauft worden sind, werden sie erstmals an der Börse gehandelt. Wie das konkret funktioniert, sehen wir in Abschnitt 1.5.

Die Anzahl der Börsengänge ist sehr zyklisch. Dies sieht man an Abb. 1.2, die die Anzahl der Neuemissionen an der Frankfurter Wertpapierbörse zeigt.[2] Wenn Sie daher jetzt nach anstehenden Neuemissionen Ausschau halten, kann es gut sein, dass es gerade keine gibt. Für einige Unternehmen, die Sie vielleicht aus dem Alltag kennen, zeigt die Abbildung deren Namen über dem Jahr ihres Börsengangs.

Will sich das Unternehmen später noch einmal Kapital beschaffen, führt es eine Kapitalerhöhung durch. Es werden neue Aktien geschaffen und an der Börse verkauft. Der Aufwand ist viel geringer als bei einem Börsengang, da ja schon Aktien an der Börse gehandelt werden und somit für jeden offensichtlich ist, welchen Wert der Kapitalmarkt den Aktien zumisst.

---

[2] Quelle: Primärmarktstatistik der Deutschen Börse, http://www.deutsche-boerse-cash-market.com/dbcm-de/instrumente-statistiken/statistiken/primaermarktstatistiken/downloads-primaermarktstatistiken

Abb. 1.2: Anzahl Neuemissionen an der Frankfurter Wertpapierbörse mit dem Jahr des Börsengangs einiger bekannter Unternehmen

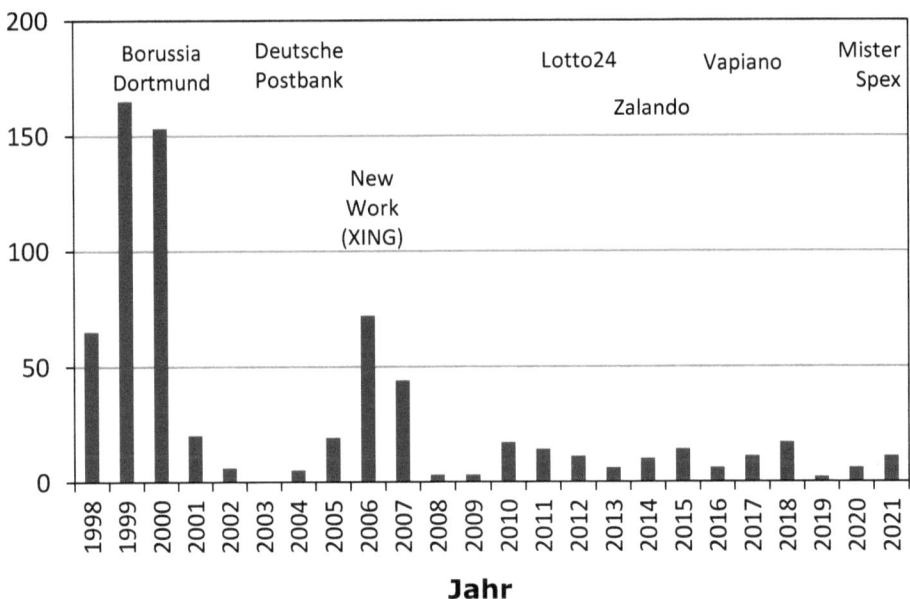

In Deutschland ist es üblich, dass die Altaktionäre bei der Kapitalerhöhung ein Bezugsrecht bekommen. So funktioniert das konkret: Der Erwerb neuer Aktien ist nur mit Bezugsrechten möglich. Gab es vorher a Aktien und werden b neue Aktien emittiert, erhält man pro alter Aktie ein Bezugsrecht, das den Bezug von b/a neuen Aktien ermöglicht. Mit a/b alten Aktien hat man daher genügend Rechte, um eine neue Aktie zu kaufen. Will man als Altaktionär keine neuen Aktien kaufen, verkauft man die Bezugsrechte an der Börse. Das Bezugsrecht dient folgenden zwei Zwecken: Zum einen können Altaktionäre ihren Anteil an dem Unternehmen halten, sofern sie das wollen – sie laufen nicht Gefahr, dass sie gerne an der Kapitalerhöhung teilnehmen möchten, die Aktien ihnen aber von anderen weggeschnappt werden. Zum anderen garantiert das Bezugsrecht, dass die Altaktionäre keinen Vermögensverlust erleiden. Wenn die neuen Aktien ohne Bezugsrecht zu einem niedrigeren Preis als die alten verkauft werden, könnten neue Aktionäre billig einsteigen und würden damit den Wert der bisherigen Aktien verwässern. Hier ein kurzes Beispiel:

Es gibt bislang 10.000 Aktien im Wert von 50. Werden nun 2500 Aktien im Wert von 40 ohne Bezugsrecht emittiert, ist das gesamte Unternehmen nach der Emission 10.000×50+2500×40=600.000 wert. Eine Aktie ist nach Kapitalerhöhung somit nur noch 600.000/12.500=48 wert. Pro Aktie hätten die Altaktionäre daher 2 Euro verloren, die neuen Aktionäre dagegen hätten 8 Euro pro Aktie gewonnen. Mit Bezugsrecht wäre der erwartete Wert des Bezugsrechts in dem Beispiel gerade 2 Euro, würde also den Vermögensverlust exakt ausgleichen.

Inwieweit die Altaktionäre bei der Kapitalerhöhung ohne Bezugsrecht benachteiligt werden, hängt davon ab, wie viele neue Aktien emittiert werden und wie stark der Ausgabepreis unter dem bisherigen Preis liegt. In Deutschland sind Kapitalerhöhungen ohne Bezugsrecht daher nur möglich, wenn der Ausgabepreis den Börsenpreis nicht wesentlich unterschreitet und die Kapitalerhöhung weniger als 10% des Eigenkapitals ausmacht.

Was ist ein typischer Werdegang des Eigenkapitals eines Unternehmens?

- Das Unternehmen wird mit eigenem Vermögen oder dem von Business Angels gegründet.

- Gegebenenfalls steigen bei Gründung oder später Venture-Capital-Gesellschaften (VC) ein.

- Falls das Unternehmen Gewinne erzielt, wird ein Teil davon einbehalten und erhöht das Eigenkapital.

- Es kommt zum Börsengang.

- Später können Kapitalerhöhungen über die Börse durchgeführt werden.

Wenden wir uns etwas genauer der VC-Finanzierung zu. VC-Gesellschaften sind in der Regel auf diese Form der Eigenkapitalfinanzierung spezialisierte Unternehmen. Es sind selbständige Unternehmen dabei, deren Kerngeschäft die VC-Finanzierung ist; es handelt sich oft aber auch um Tochtergesellschaften von Banken, Industrieunternehmen oder Versicherungen.

Woher nehmen VC-Gesellschaften ihr Kapital? Ein Teil stammt von den Eigentümern der VC-Gesellschaft. Oft wird aber auch Kapital von anderen Investoren eingesammelt, z.B. von Stiftungen, Pensionsfonds oder Versicherungen, das dann in deren Auftrag investiert wird.

Bei der VC-Finanzierung gibt es mehrere Besonderheiten. Oft wird am Beginn nicht der komplette Betrag zur Verfügung gestellt, den man laut Geschäftsplan für die komplette Umsetzung einer Unternehmensidee bräuchte. Vielmehr wird das Kapital oft in Stufen bereitgestellt. Die erste Rate dient z.B. der Entwicklung von der Idee zum Prototyp, die zweite dem Aufbau der Produktion und des Marketings, die dritte der Vorbereitung der Serienproduktion oder der Expansion.

VC-Gesellschaften bieten oft nicht nur Kapital an, sondern auch Managementunterstützung. Dies kann z.B. über eine Beratung der Unternehmensgründer erfolgen, durch Unterstützung bei der Auswahl von Managern oder dem Aufbau eines Controllings.

Als Eigenkapitalgeber kann die VC-Gesellschaft natürlich mit über das Unternehmen bestimmen. Wenn es gut läuft, hält man sich aber gerne zurück. Andererseits lässt sich eine VC-Gesellschaft oft weitreichende Kontrollrechte für den Fall einer schlechten Unternehmenslage einräumen.

Die beschriebenen Merkmale zielen unter anderem darauf ab, bei den Unternehmensgründern bzw. den angestellten Managern die richtigen Anreize zu setzen. Wenn das Geld nur stufenweise zur Verfügung gestellt, wird die Gefahr verringert, dass man im Unternehmen zu lax mit dem Geld umgeht. Je weniger Geld man bekommt, desto schneller geht es aus und desto früher muss man der VC-Gesellschaft wieder beweisen, dass man das Geld wert ist. Die Kontrollrechte erleichtern es der VC-Gesellschaft, die Reißleine zu ziehen, falls Entwicklungen aus dem Ruder geraten.

Ist das Unternehmen erfolgreich geworden und etabliert, ziehen sich die VC-Gesellschaften oft wieder zurück – z.B. im Rahmen eines Börsengangs. Denn sie sind auf junge Unternehmen spezialisiert und möchten daher nicht Kapital in reifen Unternehmen binden.

1.4   Fremdkapital

Fremdkapital kann in verschiedenen Formen aufgenommen werden und aus verschiedenen Quellen stammen. Schauen wir uns zunächst wichtige Fremdkapitalgeber an. Sicher denkt man zunächst an Banken, die Kredite vergeben. Kredite bekommen Unternehmen aber auch oft von Lieferanten eingeräumt. Es ist üblich, dass eine Lieferung nicht sofort bezahlt werden muss, sondern z.B. erst in 30 Tagen. Das ist nichts anderes als ein Kredit mit Laufzeit 30 Tage. Der Kreditzins versteckt sich dabei in dem Skonto: wenn Sie nicht erst in 30 Tagen, sondern sofort bezahlen, können Sie den Rechnungsbetrag um den angegebenen Skonto mindern. Auch Kundenanzahlungen – etwa beim Bau eines Schiffes – sind Fremdkapital. Man schuldet dem Kunden dafür die Lieferung des Schiffes. Darüber hinaus kann man Fremdkapital auf dem Kapitalmarkt aufnehmen, indem man Anleihen begibt.

Fremdkapitalfinanzierung wird oft auch nach der Dauer der Mittelüberlassung unterschieden. Folgende Unterscheidung ist typisch (unterscheidet man zusätzlich noch nach mittelfristiger Überlassung, setzt man dafür 1-5 Jahre an):

▪ Kurzfristig: Das Kapital muss nach einem Jahr oder früher zurückgezahlt werden

▪ Langfristig: Das Kapital muss nach über einem Jahr zurückgezahlt werden

Was wird in einem Kreditvertrag typischer Weise geregelt?

- Der Auszahlungsbetrag (was bekommt der Kreditnehmer heute?) sowie der Rückzahlungsbetrag (was muss der Kreditnehmer bei Fälligkeit zurückzahlen?)

- Laufzeit des Kredites

- Zinssatz: wie viel Prozent des ausstehenden Kreditbetrages müssen der Bank als Vergütung für die Geldüberlassung bezahlt werden? Wird üblicherweise als Prozentsatz pro Jahr angeführt, auch wenn die Laufzeit kürzer oder länger als ein Jahr ist oder mehr als ein Zinszahlungstermin pro Jahr vorgesehen ist. Der Zinssatz kann fest oder an eine andere Größe (z.B. an den EURIBOR, einen Zinssatz, zu dem sich Banken untereinander Geld leihen) gekoppelt sein.

- Tilgungsstruktur: wird z.B. der Kreditbetrag auf einen Schlag am Ende zurückgezahlt oder erfolgt eine Tilgung in Raten?

- Besicherung: Hat die Bank im Fall der Zahlungsunfähigkeit das Recht, Vermögenswerte des Kreditnehmers (z.B. Haus, Auto) zu verwerten?

- Kündigungsrechte: Kann der Kreditnehmer den Kreditvertrag vor der Laufzeit beenden, indem er den Kreditbetrag und die aufgelaufenen Zinsen an die Bank überweist? Kann die Bank während der Laufzeit die Rückzahlung verlangen?

- sonstige Vereinbarungen: um die Wahrscheinlichkeit einer Rückzahlung zu erhöhen, kann die Bank z.B. im Kreditvertrag festlegen, dass der Kredit nur für bestimmte Zwecke verwendet werden darf, dass eine weitere Kreditaufnahme nur innerhalb bestimmter Grenzen möglich ist usw.

Eine Anleihe ist im Grunde nichts anderes als eine Kreditbeziehung zwischen einem Unternehmen und Investoren. Nur werden gleichzeitig viele Anleihen an viele Investoren verkauft. Die Kreditbeziehung ist in den Anleihebedingungen festgehalten, die daher die gleichen Elemente wie ein Kreditvertrag enthält:

- Der Rückzahlungsbetrag ist der Nominalwert der Anleihe. Der Auszahlungsbetrag ist der Preis, den Investoren bei Emission der Anleihe bezahlen.

- Der Zinssatz wird durch den Kupon (=periodische Verzinsung) festgelegt.

- Besicherung, Kündigungsrechte, und sonstige Vereinbarungen: wie bei Krediten möglich.

Eine besondere Anleihe ist die Nullkuponanleihe, auch Zerobond genannt. Sie hat einen Kupon von null, zahlt also keine periodischen Zinsen. Die Anleger werden für ihre Geldüberlassung entschädigt, indem der Preis der Anleihe unter dem Rückzahlungsbetrag liegt. Betrachten wir den Fall, dass Sie heute eine Nullkuponanleihe zum Preis 95 kaufen, die in einem Jahr zu 100 zurückgezahlt wird. Ihre Verzinsung ist dann $100/95 - 1 = 5{,}26\%$. Wenn Sie heute eine Nullkuponanleihe zum Preis von 70 kaufen, die in fünf Jahren zu 100 zurückgezahlt wird, ist ihre jährliche Verzinsung $(100/70)^{1/5} - 1 = 7{,}39\%$.

Was passiert, wenn ein Unternehmen oder eine Privatperson Zahlungsverpflichtungen (Zins oder Tilgung) nicht nachkommen kann? Dann kommt es zur Insolvenz. Im Falle eines Unternehmens bedeutet dies im sogenannten Regelverfahren, dass den Eigenkapitalgebern die Kontrolle über das Unternehmen entzogen wird. Ein Insolvenzverwalter übernimmt die Unternehmensleitung, und die Gläubiger entscheiden über das weitere Vorgehen.[3] Insolvenz bedeutet nicht unbedingt, dass ein Unternehmen zerschlagen wird, da es durchaus im Interesse der Gläubiger sein kann, ein Unternehmen aus der Krise zu führen. Eine Insolvenz bedeutet auch nicht, dass Gläubiger ihr Kapital komplett verlieren, da in aller Regel noch Vermögen existiert, das unter den Gläubigern aufgeteilt wird. Im langfristigen Durchschnitt bekommen z.B. Inhaber von Unternehmensanleihen im Falle einer Insolvenz etwa die Hälfte ihrer Forderungen zurück.

Wenn die Wahrscheinlichkeit einer Insolvenz gleich null oder so gut wie null ist, spricht man in der Finanzwirtschaft von einer risikolosen Anlage. Letztlich gibt es auf den Märkten aktuell keine Anlage, die komplett risikolos ist. Aus pragmatischen Gründen bezeichnet man aber Anlagen, bei denen man das Risiko als vernachlässigbar ansieht, als risikolos. Heute würde man etwa von der Bundesrepublik Deutschland emittierte Anleihen („Bundesanleihen") dazu zählen. Je höher die Insolvenzwahrscheinlichkeit eines Schuldners, desto höher wird ceteris paribus der Zins sein, den der Schuldner zahlen muss. Der erhöhte Zins dient Fremdkapitalgebern als Entschädigung dafür, dass sie im Durchschnitt Zahlungsverluste erleiden und zudem nicht wissen, ob es nun im Einzelfall zu einem Zahlungsausfall kommt oder nicht.

1.5   Börsenhandel

Der überwiegende Teil des Handels von Aktien wird heute fortlaufend und elektronisch abgewickelt. Wie funktioniert das? Im Computersystem einer Börse werden Kauf- und Verkaufsaufträge gesammelt. Ein limitierter Auftrag kann z.B. wie folgt aussehen: Kaufe 100 BASF-Aktien für maximal 51 Euro. Ein solcher Auftrag wird von einem Anleger seiner Bank übermittelt, die ihn wiederum an die Börse weiterleitet. Bei der Börse werden

---

[3] Die deutsche Insolvenzordnung eröffnet zusätzliche Möglichkeiten: Ein Insolvenzplan erlaubt es den Beteiligten, sich auf Abweichungen vom Regelverfahren einigen. Beim Eigenverwaltungsverfahren bleibt die Leitung bei den Eigenkapitalgebern; statt eines Insolvenzverwalters wird ein Sachverwalter eingesetzt.

die Kaufaufträge in dem so genannten Orderbuch gesammelt. Schauen wir uns einen Ausschnitt aus dem Xetra-Orderbuch für die BASF-Aktie vom 12.04.2022, 10:05 Uhr an (Xetra ist die elektronische Handelsplattform der Deutschen Börse):

Bid Anz	Bid Vol	Bid	Ask	Ask Vol	Ask Anz
9	1.107	51,06	51,08	2.065	13
18	2.627	51,05	51,09	2.388	11
18	3.076	51,04	51,10	3.327	18
18	2.963	51,03	51,11	3.044	18
13	2.599	51,02	51,12	2.906	18
13	3.362	51,01	51,13	3.303	16
17	3.753	51,00	51,14	2.349	12
14	2.447	50,99	51,15	3.413	11
13	2.288	50,98	51,16	2.964	10
12	2.761	50,97	51,17	2.234	8

Ein Kaufauftrag ist ein Bid (man bietet so und so viel für eine Aktie); ein Verkaufsauftrag ist ein Ask (man verlangt so und so viel für eine Aktie). Die Bids und Asks werden nach der Höhe des Kurses sortiert. Ganz oben stehen der höchste Bid und der kleinste Ask.

Die erste Zeile ist wie folgt zu lesen (*Anz* steht für Anzahl, *Vol* für Volumen): es liegen neun Kaufaufträge für insgesamt 1.107 Stück zum Kurs von 51,06 vor. Auf der Gegenseite liegen dreizehn Verkaufsaufträge für insgesamt 2.065 Stück zum Kurs von 51,08 vor.

Wann kommt es zum Handel? Bei der aktuellen Orderbuchlage erst mal nicht. Denn die Käufer wollen maximal 51,06 zahlen, die Verkäufer verlangen aber mindestens 51,08. Kommt aber ein neuer Auftrag in das System, kann es zum Handel kommen. Stellen wir uns vor, jemand möchte 100 Aktien zu einem Preis von 51,20 oder weniger kaufen. Die Order fließt ins System und wird automatisch mit den Verkaufsorders abgeglichen. Es käme zu einer Transaktion zum Preis von 51,08. Der Umfang der Asks zu diesem Kurs ginge entsprechend zurück. Eine solche Transaktion kann in Bruchteilen einer Sekunde ausgeführt werden.

Auch wenn ein unlimitierter Auftrag hereinkommt (z.B. kaufe 500 Stück billigst), kommt es zum Handel, sofern auf der Gegenseite entsprechende Aufträge vorliegen. Wieder wird oben begonnen. Was würde passieren, wenn in der aktuellen Situation ein unlimitierter Verkaufsauftrag über 10.000 Stück hereinkäme? Das Orderbuch würde von oben nach unten abgearbeitet werden. Es würden 1.107 für 51,06 verkauft, 2.627 für 51.05 usw.

Auch in elektronischen Handelssystemen gibt es teilweise noch eine so genannte Auktion. Dabei werden zu einem bestimmten Zeitpunkt (z.B. bei Handelseröffnung am Morgen) alle Aufträge gesammelt. Danach wird *ein* Kurs festgelegt, zu dem alle Transaktionen im Rahmen der Auktion abgewickelt werden. Die Kursfestlegung erfolgt so, dass das Transaktionsvolumen maximiert wird.

Handel kann auch anders als über eine elektronische Börsenplattform durchgeführt werden. Man kann die Aufträge auf einer Parkettbörse bei Kursmaklern zusammenlaufen lassen. Und es geht natürlich auch ohne Börse. In einem over-the-counter Markt (OTC) wird direkt zwischen Transaktionspartnern bzw. über Vermittler (Broker) gehandelt. Beispielsweise werden Unternehmensanleihen in den USA vorwiegend OTC gehandelt.

Als Anleger sollte man natürlich auf die Gebühren achten. Zum einen verlangt die Bank, bei der man das Depot führt, eine Transaktionsgebühr. Ein kleinerer Betrag geht in der Regel auch an die Börse. Diese Gebühren werden auf der Wertpapierrechnung ausgewiesen. Darüber hinaus gibt es versteckte Kosten, den so genannten Bid-Ask-Spread. Stellen sie sich vor, Sie würden 100 BASF-Aktien unlimitiert kaufen und dann wieder verkaufen. Bei dem oben abgebildeten Orderbuch würden Sie dafür zunächst 5108 Euro bezahlen, dann aber nur 5106 zurückbekommen. Die Differenz in Höhe von 2 Euro kommt daher, dass zwischen Bid und Ask eine Differenz besteht – man also teurer einkauft als verkauft. Diese Differenz wird Bid-Ask-Spread oder Geld-Brief-Spanne genannt. Zur besseren Vergleichbarkeit wird der Spread in der Regel relativ zum Mittelwert von Bid und Ask definiert:

$$\text{Bid-Ask-Spread} = \frac{Ask - Bid}{(Bid + Ask)/2} \tag{1.1}$$

Im vorliegenden Beispiel ist der Bid-Ask-Spread mit 0,04% sehr klein. Bei Aktien, die weniger stark gehandelt werden, kann die Spanne weit größer sein. Spannen von mehr als einem Prozent sind durchaus möglich. Die Spanne kann auch recht hoch sein, wenn Sie von einer häufig gehandelten Aktie sehr hohe Stückzahlen kaufen oder verkaufen wollen. Diese Transaktionskosten sollte man als Anleger beachten – tut es aber oft nicht, weil sie nicht schwarz auf weiß auf der Abrechnung auftauchen.

***

Ein Ask ist größer
als ein Bid. Wenn sie sich doch
mal treffen: Handel.

2 Kapitalkosten

Schlüsselbegriffe: Eigenkapitalkosten, Dividendendiskontierung, Gordon-Growth-Modell, Kapitalkosten und Verschuldung, Modigliani-Miller.

2.1 Einleitung

Wie viel kostet Kapital? Beim Fremdkapital ist das zumindest dann relativ klar, wenn man sich mit einem Fremdkapitalgeber geeinigt hat: Die Kosten entsprechen dem vereinbarten Zinssatz.[4] Beim Eigenkapital dagegen sind die Kosten alles andere als offensichtlich. Viele Unternehmen schütten über Jahre hinaus keine Dividende aus. Außerdem werden Ausschüttungen an die Eigenkapitalgeber nicht in der Gewinn- und Verlustrechnung (GuV) erfasst – Eigenkapitalkosten unterscheiden sich darin von Personal- oder Materialkosten. Bedeutet dies, dass die Eigenkapitalkosten vielleicht gleich null sind oder dies zumindest über einen bestimmten Zeitraum sein können? Um diese Frage zu beantworten, muss man eigentlich nichts über die relevanten Gesetze oder institutionelle Gegebenheiten wissen. Man muss sich nur in die Rolle eines potentiellen Eigenkapitalgebers versetzen und sich fragen: Würde ich mein Kapital zur Verfügung stellen, wenn ich dafür nächstes Jahr keine Entschädigung bekäme, also eine Verzinsung von 0% erzielte? Abgesehen von Ausnahmesituationen, in denen die Zinsen unter null liegen, würde ich mein Geld lieber zur Bank tragen oder beim Staat anlegen, wo es sich verzinst. Unternehmen, die mit Eigenkapitalkosten von null rechnen, sollten daher niemanden finden, der ihnen Eigenkapital gibt. Außer es gelingt ihnen, den Eigenkapitalgebern etwas vorzumachen. Etwas davon spiegelt sich in dem berühmten Ausspruch wider, der dem Bankier Hermann Abs (1901-1994) zugeschrieben wird: „Aktionäre sind dumm und frech. Dumm, weil sie ihr Geld hergegeben haben. Frech, weil sie auch noch eine Dividende dafür verlangen."

Die Frage, ob man Aktionäre derart für dumm verkaufen kann, wollen wir betrügerischen Gesellen überlassen und uns lieber der Frage zuwenden, wie man die Höhe von Eigenkapitalkosten praktisch bestimmen kann. Dafür gibt es verschiedene Methoden; eine der wichtigsten wollen wir uns in diesem Kapitel anschauen. Danach können wir uns auch den Kapitalkosten zuwenden, womit man die durchschnittlichen Finanzierungskosten meint (d.h. den gewogenen Durchschnitt von Eigen- und Fremdkapitalkos-

---

[4] Um es ganz genau zu nehmen: Die Bestimmung der Fremdkapitalkosten wird etwas schwieriger, wenn man berücksichtigen will, dass man den Kredit ja vielleicht gar nicht zurückzahlen kann und daher im Durchschnitt weniger zahlt als den vereinbarten Zins. Allerdings kalkulieren viele Schuldner nicht damit, dass sie in die Insolvenz gehen, deshalb entspricht die Aussage im Text der üblichen Herangehensweise.

ten des Unternehmens, wobei sich die Gewichte aus den Anteilen der beiden Finanzierungsarten ableiten). Kennt man die Eigenkapitalkosten, hat man den schwierigsten Teil bei der Bestimmung der Kapitalkosten erledigt (denn Fremdkapitalkosten sind ja leichter zu bestimmen und für die Bestimmung des Verhältnisses von Eigen- und Fremdkapital kann man sich an den Buchwerten von Eigen- und Fremdkapital orientieren).

Eine andere Frage, die mit der Kapitalbeschaffung zusammenhängt und sich immer wieder stellt, ist: Wie viel Eigenkapital, wie viel Fremdkapital sollte ein Unternehmen aufnehmen? Eine einfache Antwort darauf könnte sein: wähle immer das, was gerade billiger ist. Wir werden sehen, dass diese Regel, die in anderen Situationen meist genau die richtige ist, hier zwar nicht falsch ist, aber unter bestimmten Bedingungen auch nicht besser als eine andere. Um es klarer zu sagen: Man kann zeigen, dass es unter bestimmten Bedingungen irrelevant ist, ob ein Unternehmen sich mit Fremd- oder Eigenkapital finanziert. Wir werden sehen, dass diese Erkenntnis etwas vom Ei des Kolumbus hat. Schwierig nachzuvollziehen ist sie nicht, aber man muss erst mal darauf kommen. Und dafür gab es auch einen Nobelpreis.

2.2   Bestimmung von Eigenkapitalkosten über Dividendendiskontierung

Kapitalwert und Kapitalkosten

Bevor wir uns mit der Bestimmung der Kapitalkosten beschäftigen, fragen wir zunächst einmal, warum es überhaupt wichtig ist sie zu kennen. Fremdkapitalkosten zahlt man wie vereinbart an die Bank, aber den anderen Teil – die Eigenkapitalkosten – muss man weder in der GuV verbuchen noch vertraglich festlegen. Wozu also das Getue um Kapitalkosten? Nun, wenn Unternehmen sinnvoll mit dem ihnen bereitgestellten Kapital umgehen wollen, sollten sie berücksichtigen, dass die Anleger mit dem Kapital auch etwas anderes anstellen können. In der Investitionstheorie macht man dies mit dem sogenannten Kapitalwertkriterium – und dazu braucht man die Kapitalkosten. Der Kapitalwert ist der Barwert aller zukünftigen Ein- und Auszahlungen, die man mit einem Projekt erzielen kann (wenn Sie mit dem Barwertkonzept nicht vertraut sind, schauen Sie sich die Box dazu an). Liefert ein Projekt Einzahlungsüberschüsse (=Einzahlungen minus Auszahlungen) C, ermittelt sich der Kapitalwert K_0 wie folgt:

$$K_0 = \sum_{t=0}^{T} \frac{C_t}{(1+r)^t} \tag{2.1}$$

wobei man die Diskontierungsrate r mit Kalkulationszins oder Kapitalkosten bezeichnet. Investitionen sollten dann und nur dann durchgeführt werden, wenn ihr Kapitalwert positiv ist.

Das Barwertkonzept

Stellen Sie sich vor, Sie haben einen Sparbrief geerbt, aus dem sich ergibt, dass Sie in fünf Jahren von einer Bank 1000 Euro ausgezahlt bekommen. Was ist dieser Sparbrief heute wert?

In der Finanzwirtschaft geht man diese Frage wie folgt an: Was müsste ich heute auf den Tisch legen, um auf alternativem Weg sicherzustellen, zum selben Zeitpunkt in der Zukunft eine Zahlung in exakt dieser Höhe zu bekommen?

Was könnten Sie tun, um das zu erreichen? Nun, Sie könnten zur Bank gehen, die diesen Sparbrief ausgegeben hat und dort so viel Geld über fünf Jahre anlegen, dass Sie exakt 1000 Euro bekommen. Die Bank wird Ihnen einen Zinssatz r für die Anlage über fünf Jahre nennen. Nehmen wir an, dieser Zinssatz sei 2% pro Jahr. Sie können den nötigen Anlagebetrag K_0 dann wie folgt ausrechen

$$1{,}02^5 K_0 = 1000$$

Jetzt müssen wir nur noch nach dem unbekannten K_0 auflösen und erhalten:

$$K_0 = \frac{1000}{1{,}02^5} = 905{,}73$$

In Worten: Der Sparbrief mit Auszahlung von 1000 in fünf Jahren liefert Ihnen dasselbe als wenn Sie heute 905,73 zur Bank tragen. Wenn aber zwei Dinge dasselbe bieten, sollten sie für Sie auch denselben Wert haben. Damit würde man die 905,73 als heutigen Wert ansetzen, oder kurz als Barwert. Das „Bar" steht dabei für „heute gezahlt" oder „heute bewertet".

Allgemein formuliert schreiben wir für den Barwert einer Zahlung C, die im Zeitpunkt t erfolgt:

$$K_0 = \frac{C_t}{(1+r)^t}$$

Wobei r den Zinssatz pro Jahr bezeichnet. Es darf nicht irgendein Zinssatz sein, sondern einer, der von der Laufzeit und den Eigenschaften her der betrachteten Zahlung entspricht. Sonst können wir nicht sagen, dass die zwei Wege identisch sind. Wenn Sie statt zu der Bank, die den Sparbrief ausgegeben hat, zu einer anderen gehen, die hohe Zinsen bietet, weil sie kurz vor dem Bankrott steht, wäre das Risiko, dass Sie am Ende vielleicht die 1000 gar nicht bekommen, nicht dasselbe.

In Worten können wir sagen: Wir ermitteln den Barwert, indem wir die zukünftige Zahlung diskontieren. Diskontieren sagt man deshalb, weil Zinsen in der Regel größer als null sind und der Barwert dann niedriger als die zukünftige Zahlung ausfällt, Sie die zukünftige Zahlung daher mit einem Preisnachlass erwerben können. In Zeiten negativer Zinsen ist das andersherum, aber wir würden trotzdem diskontieren sagen, und die Formel bleibt sowieso dieselbe.

Wenn Anlagemöglichkeiten für alle Marktteilnehmer gleich sind, ist der Barwert auch nicht mehr subjektiv, sondern objektiv. Wenn Sie z.B. den Sparbrief aus dem Beispiel auf Ebay versteigern, können Sie erwarten, dass andere dem gleichen Kalkül folgen wie Sie und zu dem gleichen Ergebnis kommen. Sie selbst sollten indifferent sein zwischen (1) Behalte den Sparbrief und (2) Verkaufe ihn für 905,74. Potentielle Käufer sollten indifferent sein zwischen (1) Mache nichts und (2) Kaufe den Sparbrief für 905,74. Alles andere würde an irgendeiner Stelle nicht passen. Betrachten wir den Fall, dass jemand mehr als 905,74 bezahlen würde. Er hätte dann zwar 1000 in fünf Jahren sicher, aber das hätte er auch billiger haben können, wenn er statt auf Ebay zu steigern zur Bank gegangen wäre. Im Gleichgewicht gehen wir davon aus, dass niemand solche Fehler macht.

Zu r sagt man übrigens außer Diskontierungsrate auch Alternativvertragssatz (so haben wir r ja hergeleitet), Kalkulationszins oder Kapitalkosten. Die zwei letzten Begriffe verwendet man insbesondere dann, wenn man mit Barwertberechnungen ermittelt, ob Projekte attraktiv sind.

Bei einer Investition unter Sicherheit kennt man die zukünftigen Zahlungen ihrer Höhe nach schon heute. Als Kalkulationszins nimmt man dann den risikolosen Zins. Machen wir uns zunächst noch einmal klar, warum man sich in diesem Fall nach dem Kapitalwert richten sollte. Durch die Barwertbetrachtungen machen wir Ein- und Auszahlungen, die zu verschiedenen Zeiten erfolgen, vergleichbar. Wir können daher mit dem Kapitalwert feststellen, ob wir unterm Strich mehr aus dem Projekt reinbekommen als wir hineinstecken. Wenn das der Fall ist, lohnt es sich. Ist der Kapitalwert gleich null, sagt man in der Sprache der Ökonomen: ich bin indifferent zwischen Durchführung und Nicht-Durchführung des Projekts. Im Alltag sagt man: Ist mir gleich. Bin leidenschaftslos. Lass uns eine Münze werfen.

Wie ist es nun, wenn wie in der Praxis meistens üblich die Zahlungen unsicher sind? Die Logik bleibt die gleiche. Im Falle sicherer Zahlungen nehmen wir den risikolosen Zins, weil er angibt, was alternativ zur Investition sicher zu erreichen ist. Im Falle unsicherer Zahlungen nehmen wir die Verzinsung, die alternativ mit einer anderen, vom Risiko her vergleichbaren Investition zu erzielen wäre.

Daher können wir die Kapitalwertberechnung auch noch anders interpretieren als „wir machen Zahlungen vergleichbar". Die Diskontierungsrate sagt uns, was wir alternativ mit unserem Geld verdienen könnten. Wenn der Kapitalwert positiv ist, können wir mit dem betrachteten Projekt mehr verdienen als wenn wir es bei einer vergleichbaren Alternative anlegen. Genau dann ist das Projekt attraktiv.

Kapitalkosten sind somit Opportunitätskosten, die sich daraus ergeben, dass man das Kapital nicht für andere Zwecke verwenden kann, wenn es einmal investiert ist. Unternehmen sollten bei ihren Investitionsentscheidungen sicherstellen, dass man mit dem Kapital nichts Besseres anfangen könnte. Aber da es nicht das Kapital der Unternehmen ist, sondern das der Kapitalgeber, muss man hier die Alternativen der Kapitalgeber berücksichtigen, nicht etwa die der Unternehmensleitung.

Man kann Kapitalkosten daher auch anders beschreiben: Kapitalkosten sind gleich der Verzinsung, die Kapitalgeber von einer Investition erwarten. Das ist aber lediglich eine Umformulierung des oben Gesagten. Fragt man Kapitalgeber nach ihrer erwarteten Verzinsung, werden sie anführen, dass sie zumindest gleich dem Alternativvertragssatz sein soll. Der ist ja genau die Messlatte, die es zu schlagen gilt.

Schließlich kann man auch sagen: Kapitalkosten sind gleich dem risikoangepassten Zinssatz, mit dem Kapitalgeber die Zahlungen diskontieren, die mit der Kapitalüberlassung verbunden sind. Und wieder sagt man das Gleiche. Risikoangepasst ist auch der Alternativvertragssatz, von dem wir oben sprachen, weil die alternative Investition vom Risiko her vergleichbar sein muss. Diskontieren ist genau das, was wir bei der Kapitalwertberechnung machen. Fassen wir zur besseren Übersicht die drei Interpretationen von Kapitalkosten zusammen:

- Alternativvertragssatz/Opportunitätskosten der Kapitalgeber

- erwartete Rendite auf das Kapital

- risikoangepasster Zins für die Diskontierung von zukünftigen Zahlungen, die sich aus der Kapitalüberlassung ergeben

Da die meisten Menschen Risiko scheuen, wird der Kalkulationszins bei Unsicherheit in der Regel über dem risikolosen Zins liegen. Um das zu verstehen, schauen wir uns zunächst Formel (2.1) noch einmal genau an. Bei Unsicherheit gibt es gar keine eindeutigen C_t für die einzelnen Zeitpunkte. Es kann ja sehr viel passieren. Was wir einsetzen ist vielmehr die heute für t erwartete Zahlung, kurz $E[C_t]$ für den Erwartungswert von C_t. Die Formel lautet daher eigentlich:

$$K_0 = \sum_{t=0}^{T} \frac{E[C_t]}{(1+r)^t} \qquad (2.2)$$

Wenn bei Unsicherheit r unter dem risikolosen Zins läge und man sich am Kapitalwertkriterium orientierte, hieße das folgendes: Man würde eine unsichere Zahlung, die entweder 0 oder 100 Euro beträgt (mit je 50% Wahrscheinlichkeit) einer sicheren Zahlung von 50 vorziehen – obwohl man im Durchschnitt jeweils das gleiche bekäme. Ein solches Verhalten würde man nicht als risikoscheu bezeichnen.

Vom Wert des Eigenkapitals zu den Eigenkapitalkosten

Was wir uns im letzten Abschnitt klar machten, diente nicht nur der Motivation unserer Suche nach den Kapitalkosten. Es leitet auch direkt über in die Methode zur Bestimmung von Eigenkapitalkosten, die wir uns jetzt anschauen wollen.

Versetzen wir uns in die Perspektive einer Investorin, die eine Aktie an einer börsennotierten Aktiengesellschaft hält. Bei welchem Preis sollte sie die Aktie verkaufen? Kein Problem, sagt man mit der Logik von oben: genau dann wenn der Barwert der Vorteile, die mit dem Aktienbesitz verbunden ist, unter dem Börsenkurs liegt. Denn eine Aktie ist ein Projekt wie jedes andere, auf das man das Kapitalwertkriterium anwenden kann. Der Preis, den ich heute bei Verkauf bekommen würde, ist das C_0 in der Kapitalwertformel; wenn der Preis gleich dem Barwert aller C_t ab t=1 ist, ist der Kapitalwert gleich null und das Halten der Aktie ist in Ordnung.

Was sind die Zahlungen, die eine Aktionärin aus ihrem Aktienbesitz erhält? Dividenden, solange sie die Aktien hält (und das Unternehmen Dividenden zahlt) und irgendwann der Börsenkurs, zu dem sie die Aktie wieder verkauft. Sonst gibt es nichts. Drauflegen muss die Aktionärin auch nichts (es gilt ja beschränkte Haftung). Es mag kostenlose

Würstchen auf Hauptversammlungen geben, aber wenn man die Anfahrtskosten berücksichtigt, bleibt wohl in den meisten Fällen nichts übrig, was den Wert der Aktien erhöhen könnte. Und zu viele Würstchen wären ja auch nicht besonders gesund.

Der Wert W_0, den die Aktionärin, heute (in $t=0$) einer Aktie zuordnet, kann man daher ausdrücken als[5]

$$W_0 = \sum_{t=1}^{K} \frac{E[D_t]}{(1+r)^t} + \frac{E[P_K]}{(1+r)^K} \tag{2.3}$$

wobei D_t die in t gezahlte Dividende und P den Börsenkurs bezeichnet; K ist der Zeitpunkt des Verkaufs der Aktie. Wir nehmen hier wie im Folgenden an, dass die nächste Dividende genau in einem Jahr gezahlt wird; die letzte Dividende ist gerade gezahlt worden und nicht mehr im Kurs enthalten. Indem wir vor Dividenden und zukünftigen Börsenkurs den Erwartungswertoperator $E[\cdot]$ setzen, berücksichtigen wir, dass zukünftige Dividenden und Kurse unsicher sind.

Gehen wir einen Schritt weiter und betrachten alle Aktionäre. Diese mögen unterschiedliche Meinungen über zukünftige Dividenden und Kurse besitzen. Aber sie sollten sich eine Meinung über den Wert der Aktien bilden. Was sollten wir erwarten, wenn sich der Börsenkurs der Aktie auf einem Markt bildet, der im Gleichgewicht ist? Im Gleichgewicht haben alle Marktteilnehmer ihre Pläne umgesetzt und können keinen Vorteil mehr aus weiteren Käufen oder Verkäufen ziehen.

Im Durchschnitt sollte der Börsenkurs im Gleichgewicht daher die Bewertung der Aktionäre widerspiegeln. Sonst sollten einige kaufen bzw. verkaufen wollen, weil der Kurs nicht dem von ihnen ermittelten Wert entspricht, und der Markt wäre nicht im Gleichgewicht. Wir können daher den Börsenkurs P_0 gleich dem Wert einer Aktie setzen und stellen uns dabei vor, dass in die Formel durchschnittlich erwartete Dividenden und zukünftige Börsenkurse sowie durchschnittliche Alternativvertragssätze einfließen:

$$P_0 = W_0 = \sum_{t=1}^{K} \frac{E[D_t]}{(1+r)^t} + \frac{E[P_K]}{(1+r)^K} \tag{2.4}$$

Was an der Formel noch etwas speziell ist, ist die Abhängigkeit von einem Verkaufszeitpunkt K. Die können wir aber eliminieren, indem wir uns folgendes überlegen: ist der Markt im Zeitpunkt K ebenfalls im Gleichgewicht, sollte der Börsenkurs der gleichen Logik wie Formel (2.4) folgen, nur beginnt die Summation nicht in $t=1$, sondern in $t=K+1$. Wir können dies einsetzen und erhalten mit einem noch späteren Zeitpunkt K'

---

[5] Von Gebühren (die beim Halten der Aktie oder ihrem Verkauf anfallen können) oder Steuern (die beim Verkauf oder auf Dividenden anfallen können) sehen wir hier ab.

$$P_0 = \sum_{t=1}^{K} \frac{E[D_t]}{(1+r)^t} + \frac{\sum_{t=K+1}^{K'} \frac{E[D_t]}{(1+r)^{t-K}} + \frac{E[P_{K'}]}{(1+r)^{K'-K}}}{(1+r)^K}$$

$$= \sum_{t=1}^{K} \frac{E[D_t]}{(1+r)^t} + \sum_{t=K+1}^{K'} \frac{E[D_t]}{(1+r)^t} + \frac{E[P_{K'}]}{(1+r)^{K'}} \qquad (2.5)$$

$$= \sum_{t=1}^{K'} \frac{E[D_t]}{(1+r)^t} + \frac{E[P_{K'}]}{(1+r)^{K'}}$$

Führen wir das Spiel immer weiter fort, d.h. ersetzen wir den erwarteten Börsenkurs immer wieder durch den Barwert der nachfolgenden Dividenden und den Barwert eines eventuellen Verkaufspreises, erhalten wir:

$$P_0 = \sum_{t=1}^{\infty} \frac{E[D_t]}{(1+r)^t} + \frac{E[P_\infty]}{(1+r)^\infty} \qquad (2.6)$$

Da aber bei positivem r der Diskontierungsfaktor $1/(1+r)^t$ mit t gegen unendlich gegen null geht, strebt der zweite Term in der Gleichung – der Barwert des Börsenkurses in t=unendlich – gegen null,[6] und wir können einfacher sagen, dass der Kurs einer Aktie gleich dem Barwert aller für diese Aktie erwarteten Dividenden ist:

$$P_0 = \sum_{t=1}^{\infty} \frac{E[D_t]}{(1+r)^t} \qquad (2.7)$$

Dieses Dividenden-Diskontierungsmodell ist eines der zentralen Konzepte der Finanzierungstheorie. Es spiegelt die zentrale Funktion des Kapitalmarktes als Ort wider, auf dem man zukünftige Zahlungsströme handeln kann. Ein Investor mag eine Aktie nur über kurze Zeit halten und in dieser Zeit keine Dividenden erwarten – etwa weil das Unternehmen aufgrund wirtschaftlicher Schwierigkeiten zeitweise keine ausschüttet. Trotzdem sollte sich der Wert der Aktie an den Dividenden orientieren, denn diejenigen, denen man die Aktien verkauft, haben einen Horizont, der weiter in der Zukunft liegt; diese verkaufen weiter an Investoren, die einen noch weiteren Horizont haben und so weiter und so weiter. Damit ist auch bei kurzfristigem Anlagehorizont die ganze Zukunft für die Bewertung relevant.

---

[6] Streng genommen ist dies natürlich nur dann der Fall, wenn $E[P_t]$ nicht schneller wächst als $(1+r)^t$. Dies würde aber bedeuten, dass der Preis „explodiert" und eine einzelne Aktie irgendwann mal im Vergleich zu anderen Vermögenswerten aber auch Konsumgegenständen unheimlich viel wert ist. Daher schließt man solche Fälle in der Regel aus, auch wenn sie theoretisch möglich sind.

Aber warum hilft uns dieses Modell bei der Bestimmung des Eigenkapitalkostensatzes? Der Eigenkapitalkostensatz ist ja die Rate, mit der Eigenkapitalgeber Vorteile diskontieren, die sich aus der Kapitalüberlassung ergeben – also das r in unseren Formeln. Bezeichnen wir es der Klarheit wegen in Zukunft mit e:

$$P_0 = \sum_{t=1}^{\infty} \frac{E[D_t]}{(1+e)^t} \tag{2.8}$$

Wie können wir aus dieser Formel das e bestimmen? Bei einer börsennotierten Aktiengesellschaft können wir den Börsenkurs P_0 am Markt beobachten. Erwartungen über Dividenden können wir aus Prognosen ableiten, die Finanzmarktexperten oder auch die Unternehmen selbst abgeben. Hätten wir Prognosen für alle Ewigkeit, könnten wir die Formel nach e auflösen. Detaillierte Prognosen für alle Ewigkeit stellt aber niemand an, allerhöchstens für die nächsten Jahre. Zusätzlich jedoch erhält man oft Prognosen darüber, mit welcher Rate die Dividenden in Zukunft wachsen werden. Hilft uns das etwas weiter? Nun, nehmen wir an, wir verfügen über Prognosen für das zukünftige Dividendenwachstum g. Wir kennen den Börsenkurs und die gerade gezahlte Dividende D_0. Die erwartete nächste Dividende D_1 ergibt sich als $D_0(1+g)$, die in $t=2$ als $D_0(1+g)^2$ und so weiter. Somit können wir Formel (2.8) umschreiben als:

$$P_0 = \frac{D_0(1+g)}{1+e} + \frac{D_0(1+g)^2}{(1+e)^2} + \frac{D_0(1+g)^3}{(1+e)^3} + \cdots + \frac{D_0(1+g)^\infty}{(1+e)^\infty} \tag{2.9}$$

Durch Multiplikation mit $(1+e)/(1+g)$ erhalten wir:

$$P_0 \frac{1+e}{1+g} = D_0 + \underbrace{\frac{D_0(1+g)}{1+e} + \frac{D_0(1+g)^2}{(1+e)^2} + \cdots + \frac{D_0(1+g)^\infty}{(1+e)^\infty}}$$

Jetzt erkennen wir mit (2.9): $= P_0$

Wir setzen diese Erkenntnis ein und erhalten

$$P_0 \frac{(1+e)}{(1+g)} = D_0 + P_0 \tag{2.10}$$

Wir kneten dies kurz durch, um zu der berühmten Gordon-Growth-Formel zu gelangen:

$$P_0 = \frac{D_0(1+g)}{e-g} \tag{2.11}$$

Sie ist nach Myron J. Gordon benannt. Für unsere Zwecke ist sie deshalb besonders attraktiv, weil wir sehr schnell einen Schätzer für den Eigenkapitalkostensatz e ableiten können. Wir lösen die Gordon-Growth-Formel nach e auf und müssen nur noch den

Börsenkurs, die gerade gezahlte Dividende und eine Erwartung für das zukünftige Dividendenwachstum einsetzen, um einen Wert für *e* zu erhalten:

$$e = \frac{D_0(1 + g)}{P_0} + g \qquad (2.12)$$

Die Gordon-Growth-Formel unterscheidet sich nicht konzeptionell von dem oben beschriebenen, allgemeinen Konzept zur Bestimmung von Eigenkapitalkosten. Sie macht die Anwendung dieses Konzeptes nur einfacher, indem sie weniger Inputs verlangt (eine Wachstumsrate statt Dividendenprognosen für alle Ewigkeit) und rechnerisch einfach ist. Ob die Vereinfachung realistisch oder akzeptabel ist, sollte natürlich geprüft werden. Aber wenden wir die Formel erst einmal an. In der folgenden Box wird dies für Siemens gemacht.

Anwendung

Die Eigenkapitalkosten der Siemens AG sollen mit der Gordon-Growth-Formel bestimmt werden.

Zum Beispiel aus der Zeitung entnehmen wir den aktuellen Siemens-Aktienkurs und die zuletzt von Siemens gezahlte Dividende:

Aktienkurs: = P_0 = 116,5 (vom 07.04.22)
Letzte Dividende = D_0 = 4,0 (für Geschäftsjahr 2020/2021, gezahlt im Februar 2022)

Zum Beispiel aus www.onvista.de entnehmen wir durchschnittliche Analystenprognosen für die Siemens Dividenden (Daten vom 07.04.22):

Erwartete Dividende für Geschäftsjahr 2021/2022 = 4,22

Die Wachstumsrate *g* kann man auf verschiedenen Wegen schätzen. Eine Möglichkeit ist, die in den Analystenprognosen implizierte Wachstumsrate für das nächste Jahr als ewige Wachstumsrate anzusetzen. Oder man orientiert sich am erwarteten nominalen Wirtschaftswachstum, womit man etwa 5% ansetzen könnte.

Mit diesem Wert berechnen sich die Eigenkapitalkosten wie folgt:

Eigenkapitalkosten *e* = 4,0*1,05 / 116,5 + 0,05 = 8,61%

Man könnte gegen diese Rechnung einwenden, dass zum Betrachtungszeitpunkt (07.04.22) nicht wie im Gordon-Growth-Modell angenommen gilt, dass die nächste Dividende genau in einem Jahr gezahlt wird. Berücksichtigt man dies in der Rechnung, verändert sich der ermittelte Eigenkapitalkostensatz aber kaum (man erhält 8,65%).

Im Abschnitt „Kapitalwert und Kapitalkosten" hatten wir gesagt, dass die Eigenkapital-kosten auch gleich der Rendite sind, die Investoren von der Kapitalüberlassung erwar-ten. Dies können wir mit dem Gordon-Growth-Modell recht einfach überprüfen. Eine Rendite ist eine prozentuale Wertentwicklung. Die erwartete Rendite über eine Periode (von $t=0$ bis $t=1$) ergibt sich, indem wir die Differenz zwischen dem erwarteten Wert des Investments am Periodenende und dem Investitionsbetrag durch den Investitions-betrag teilen. Erwarteter Wert des Investments ist der erwartete Aktienkurs plus Divi-dende (denn am Periodenende ist diese schon an die Aktionäre geflossen und nicht mehr im Kurs enthalten), also:

$$E[Rendite] = \frac{E[P_1] + E[D_1] - P_0}{P_0} \tag{2.13}$$

Nun formen wir ein wenig um, setzen für P_0 und P_1 die Gordon-Growth-Formel ein, für $E[D_t]$ die Gordon-Growth-Annahme $E[D_t] = D_0(1 + g)^t$ und erhalten:

$$E[Rendite] = \frac{E[P_1] + E[D_1] - P_0}{P_0} = \frac{E[P_1] + E[D_1]}{P_0} - 1$$

$$= \frac{\frac{D_0(1 + g)^2}{e - g} + D_0(1 + g)}{\frac{D_0(1 + g)}{e - g}} - 1$$

$$= \frac{\frac{(1 + g)}{e - g} + 1}{\frac{1}{e - g}} - 1 = \frac{(1 + g) + (e - g)}{1} - 1 \tag{2.14}$$

$$= e$$

Wir sehen somit den Zusammenhang bestätigt. Beim Einsetzen der Gordon-Growth-Formel muss man beachten, dass sich für P_1 das Ganze um eine Periode verschiebt, und der Börsenkurs somit $D_0(1+g)^2/(e-g)$ ist, nicht $D_0(1+g)/(e-g)$.

Verallgemeinerungen des Gordon-Growth-Modells

Erscheint einem das Gordon-Growth-Modell zu vereinfachend, kann man es leicht rea-listischer machen. Oft erhält man detaillierte Dividendenprognosen für die nächsten zwei Jahre. Diese kann man als solche in das Dividenden-Diskontierungsmodell einsetzen und die Vereinfachung des Gordon-Growth-Modells (konstantes Wachstum) erst ab dem dritten Jahr anwenden. Man erhält damit ein Zwei-Stufen-Modell:

$$P_0 = \frac{E[D_1]}{1+e} + \frac{E[D_2]}{(1+e)^2} + \frac{E[D_2](1+g)}{(1+e)^3} + \cdots + \frac{E[D_2](1+g)^\infty}{(1+e)^\infty}$$

$$= \frac{E[D_1]}{1+e} + \frac{E[D_2]}{(1+e)^2} + \left[\frac{E[D_2](1+g)}{(1+e)} + \cdots + \frac{E[D_2](1+g)^\infty}{(1+e)^\infty}\right]/(1+e)^2$$

$$= \frac{E[D_1]}{1+e} + \frac{E[D_2]}{(1+e)^2} + \frac{E[D_2](1+g)}{e-g}/(1+e)^2$$

Bei diesem Zwei-Stufen-Modell werden gerne zwei Fehler gemacht. Zum einen darf man nicht vergessen, den Wert, den das Gordon-Growth-Modell für den Barwert der Dividenden nach $t=2$ liefert, mit $(1+e)^2$ zu diskontieren. Denn es ist der Barwert in $t=2$; für die Berechnung von P_0 brauchen wir aber den Barwert in $t=0$. Zum anderen ist zu beachten, dass die Gordon-Growth-Formel für Dividenden ab $t=2$ angewendet wird. Im Zähler steht daher $E[D_2](1+g)$, nicht $D_0(1+g)$.

Viele Finanzanalysten prognostizieren vorwiegend Gewinne pro Aktie, nicht Dividendenzahlungen. Der Gewinn pro Aktie ist der auf eine Aktie heruntergebrochene Jahresüberschuss, gegebenenfalls noch bereinigt um einmalige Erträge oder Aufwendungen. Vom Gewinn zur Dividende kommt man über die Ausschüttungsquote. Bezeichnen wir diese als a und den Gewinn pro Aktie als G, können wir die Gordon-Growth-Formel folgendermaßen umschreiben:

$$P_0 = \frac{D_0(1+g)}{e-g} = \frac{aG_0(1+g)}{e-g} \tag{2.15}$$

Da die Ausschüttungsquoten oft relativ stabil sind, eröffnet diese Formel einen leichten Weg zur Bestimmung von Eigenkapitalkosten auf Basis von Gewinnprognosen.

Aktienbewertung und –auswahl

Bislang hatten wir das Dividenden-Diskontierungsmodell verwendet, um den Eigenkapitalkostensatz zu bestimmen. Mit einer Annahme über zukünftige Dividenden und einer über den Eigenkapitalkostensatz kann man jedoch auch einen Wert W_0 bestimmen. Den kann man mit dem tatsächlichen Kurs vergleichen, um eine Indikation dafür zu bekommen, ob der Markt wirklich im Gleichgewicht ist, oder ob der Kurs – vielleicht aufgrund irrationaler Stimmungen – zu hoch oder zu niedrig ist. Der mit dem Modell ermittelte Wert wird oft als Fundamentalwert bezeichnet, da er allein auf dem beruht, was letztlich den Wert einer Aktie ausmacht: Dividenden und Opportunitätskosten.

Anwendung

Bestimme den Fundamentalwert des DAX mit dem Gordon-Growth-Modell

Der DAX-Stand vom 7.4.2022 beträgt 14078. Die Dividende beträgt 341,12 (ist zum Beispiel im Kursteil der FAZ angegeben). Als Anhaltspunkt für Eigenkapitalkosten könnten wir zum Beispiel Renditeerwartungen von Finanzmarktexperten heranziehen, die im Rahmen von Umfragen erhoben werden. Ähnlich könnten wir auch Erwartungen über die Dividendenwachstumsraten erheben. Hier wollen wir aber einfach für verschiedene Annahmen über Wachstumsraten und Eigenkapitalkosten durchspielen, welcher DAX-Wert sich damit aus dem Gordon-Growth-Modell ergibt:

	e						
g	4,0%	5,0%	6,0%	7,0%	8,0%	9,0%	6,5%
3,0%	35135	17568	11712	8784	7027	5856	
3,5%	70612	23537	14122	10087	7846	6419	
4,0%		35476	17738	11825	8869	7095	14078
4,5%		71294	23765	14259	10185	7922	
5,0%			35818	17909	11939	8954	
5,5%			71976	23992	14395	10282	
6,0%				36159	18079	12053	

Heute rechnen viele damit, dass mit Aktien weniger als 10% Rendite pro Jahr zu erzielen sind. Angesichts der niedrigen Zinsen ergibt sich auch mit 6%-8% immer noch ein ordentlicher Zuschlag auf die risikofreie Verzinsung. Beim Dividendenwachstum kann man sich am nominalen Wirtschaftswachstum orientieren. 2% Inflation und 2% reales Wachstum sind für Deutschland plausibel; außerdem agieren DAX-Konzerne international und können daher vielleicht vom höheren Wachstum in anderen Ländern profitieren. Die nominale Wachstumsrate ist relevant, da die aktuelle Dividende auch nominal ist; gleiches gilt für die Eigenkapitalkosten, auch wenn wir dies bisher nicht explizit festgehalten haben.

Mit g=4% und e=7% wäre der aktuelle DAX-Stand recht nahe am Fundamentalwert (mit e=6,5% kommt man genau hin). Andererseits könnte man genauso gut der Meinung sein, dass das Dividendenwachstum 5% beträgt und die Eigenkapitalkosten 9%. Dann wäre der DAX um 57% (=14078/8954 – 1) überbewertet.

Analysen wie diese sind auch gut geeignet, Renditeerwartungen auf ihre Plausibilität zu prüfen. Jemand, der den DAX für fair bewertet hält und mit 9% Rendite pro Jahr rechnet, müsste bei der aktuellen Konstellation mit einer Wachstumsrate von mehr als 6% rechnen. Wenn dies zu hoch erscheint, erscheint auch die Renditeerwartung von 9% überhöht.

Der Fundamentalwert kann nicht nur für einzelne Aktien, sondern auch für Indizes wie den DAX, die mehrere Aktien zusammenfassen, ermittelt werden. Die Dividende ist dann die Dividende, die man erhalten würde, wenn man die im Index enthaltenen Aktien entsprechend ihrer Index-Gewichtung hält. Ein Beispiel für eine entsprechende Anwendung finden Sie in der Box auf der vorhergehenden Seite.

Man begegnet oft der Empfehlung, Aktien mit hoher Dividendenrendite zu kaufen. Die Dividendenrendite wird dafür oft ermittelt als zuletzt gezahlte Dividende geteilt durch den aktuellen Börsenkurs. Diese Empfehlung könnte sinnvoll sein, wenn sie zur Auswahl von Aktien mit hoher erwarteter Rendite führt. Wir wissen, dass die erwartete Rendite gleich dem Eigenkapitalkostensatz e ist, und können daher die Empfehlung mit dem Gordon-Growth-Modell analysieren:

$$e = \frac{D_0(1 + g)}{P_0} + g \tag{2.16}$$

In der Tat sehen wir, dass die erwartete Rendite umso höher ist, je höher die aktuelle Dividendenrendite ist – denn die ist ja gerade D_0/P_0. Allerdings ist die Dividendenrendite nicht das einzige, was die erwartete Rendite bestimmt. Das Dividendenwachstum spielt auch eine Rolle. Wenn die beiden – Dividendenrendite und Dividendenwachstum – nichts miteinander zu tun hätte, könnten wir aus der Dividendenrendite recht leicht etwas über die Höhe der Aktienrendite lernen. Aber davon kann man nicht ausgehen. Bei Aktien mit hohem Dividendenwachstum machen zukünftige Dividenden einen höheren Teil des Wertes aus, die heutige Dividende ist damit im Vergleich zum heutigen Kurs relativ klein. Es ist daher durchaus möglich, dass Aktien mit unterschiedlicher Dividendenrendite die gleiche erwartete Rendite aufweisen; das niedrigere D_0/P_0 in (2.16) würde dann gerade durch ein höheres g kompensiert. Es ist auch möglich, dass von zwei Aktien mit unterschiedlicher Dividendenrendite diejenige mit der höheren Dividendenrendite die niedrigere erwartete Rendite aufweist.

Es gibt auch noch eine andere Überlegung, die dieses Auswahlkriterium in Frage stellt: Eine höhere erwartete Rendite muss nicht bedeuten, dass die Aktie attraktiver ist. Denn die erwartete Rendite ist auch vom Risiko abhängig. Es taucht in unseren Formeln nicht auf, ist aber implizit enthalten, da die Eigenkapitalkosten ja gleich dem Alternativertragssatz einer Investition mit vergleichbarem Risiko sind. Aktien unterscheiden sich in ihrem Risiko, und damit können sich auch die erwarteten Renditen unterscheiden. Hat Aktie A eine höhere erwartete Rendite als Aktie B, ist sie nicht automatisch attraktiver als B, da der Renditeunterschied ein höheres Risiko kompensieren könnte. In Kapitel 4 werden wir uns genauer damit beschäftigen.

Um es kurz zusammenfassen: eine hohe Dividendenrendite ist zwar ein Indikator für eine hohe erwartete Rendite, aber eben nur einer. Und selbst wenn die erwartete Rendite auch unter Berücksichtigung anderer Faktoren hoch bleibt, ist nicht klar, ob die Aktie auch unter Risikogesichtspunkten attraktiv bleibt.

Eigenkapitalrendite, Ausschüttungspolitik und Aktienwert

Manager, Analysten und Investoren ziehen zur Bewertung des Geschäftserfolgs oft die Eigenkapitalrendite heran, definiert als Gewinn relativ zum eingesetzten Kapital. Als Kürzel verwenden wir *ROE* (englisch: Return on equity):

$$ROE = \frac{G}{EK} \tag{2.17}$$

wobei *EK* das Eigenkapital (Buchwert) pro Aktie ist. Über die Wachstumsrate können wir eine Verbindung zwischen *ROE* und der Dividendendiskontierung herstellen. Wenn ein Unternehmen einen Anteil *a* der Gewinne ausschüttet, bleibt ein Anteil von $(1-a)$ im Unternehmen und das Eigenkapital erhöht sich prozentual um $(1-a)ROE$. Diese Erhöhung führt zu einer entsprechenden Erhöhung der zukünftigen Dividenden, da die Eigenkapitalrendite nun auf mehr Eigenkapital verdient wird und bei gleicher Ausschüttungsquote mehr ausgeschüttet wird. Wenn der *ROE* konstant ist und das EK nicht durch Kapitalmaßnahmen verändert wird, gilt daher

$$g = (1 - a) \times ROE \tag{2.18}$$

Wir können die Wirkung der Eigenkapitalrendite auf den Börsenkurs durch Einsetzen von (2.18) in die Gordon-Growth-Formel klarmachen:

$$P_0 = \frac{D_0(1 + g)}{e - g} = \frac{D_0(1 + (1 - a) \times ROE)}{e - (1 - a) \times ROE} \tag{2.19}$$

Nehmen wir als Beispiel ein Unternehmen mit $D_0=1$, $e=10\%$, $a=50\%$ und $ROE=5\%$, das es unerwartet schafft den *ROE* langfristig von 5% auf 9% zu steigern. Damit steigt die Wachstumsrate von $(1–0,5)\cdot0,05=2,5\%$ auf 4,5%. Der Kurs steigt von $1\cdot1,025/(0,1–0,025)=13,7$ auf $1\cdot1,045/(0,1–0,045)=19$ und damit um knapp 40%. Eine Steigerung des *ROE* führt somit zu einer Steigerung des Aktienkurses, was die Aufmerksamkeit erklärt, die dieser Kennzahl geschenkt wird. Andererseits gilt das für die Dividendenrendite Gesagte entsprechend: Wenn Aktie A einen höheren *ROE* als Aktie B hat, bedeutet das nicht automatisch, dass Aktie A für Anleger attraktiver ist.

Jetzt haben wir auch das Instrumentarium zur Hand, um eine Aussage über die Relevanz der Ausschüttungsquote zu machen. Formel (2.15), in der wir D_0 durch aG_0 ersetzt haben, könnte suggerieren, dass das Management den Aktienkurs einfach dadurch erhöhen könnte, dass es die Ausschüttungsquote a erhöht.

Dabei muss man auf zwei Dinge aufpassen. Zum einen können wir a nicht direkt in Formel (2.15) variieren; das würde voraussetzen, dass wir die Dividende, die gemäß Annahme (P_0 ist ex Dividende) schon ausgeschüttet wurde, nochmal ändern können. Wir müssen stattdessen ausgehen von

$$P_0 = \frac{aE[G_1]}{e-g} \tag{2.20}$$

Zum anderen müssen wir den Einfluss der Ausschüttungsquote auf das Wachstum berücksichtigen. Wir nehmen dazu einen konstanten ROE an und ersetzen g durch den Ausdruck von oben (Formel (2.18)):

$$P_0 = \frac{aE[G_1]}{e-(1-a)ROE} \tag{2.21}$$

Um den Kurseffekt einer Änderung der Ausschüttungsquote zu untersuchen, leiten wir (2.21) nach a ab:[7]

$$\frac{dP_0}{da} = \frac{E[G_1](e-(1-a)ROE)-aE[G_1]ROE}{(e-(1-a)ROE)^2} = \frac{(e-ROE)E[G_1]}{(e-(1-a)ROE)^2} \tag{2.22}$$

Die Ableitung ist gleich null, wenn die Eigenkapitalkosten e gleich der Eigenkapitalrendite ROE sind. Dies ist dann der Fall, wenn die Rendite eines zusätzlich durchgeführten Investitionsprojektes gleich e ist, das Projekt also die Opportunitätskosten gerade deckt und damit einen Kapitalwert von null hat.

Es ist daher nicht so, dass die Ausschüttungspolitik in jedem Fall ohne Bedeutung sein wird. Sie wird allerdings dann irrelevant für den Wert des Unternehmens sein, wenn sich die Unternehmensleitung im Sinne der Anteilseigner verhält, und davon möchten wir ja gerne ausgehen. Denn dann sollte sich das Management durch niedrige Gewinnausschüttungen nicht dazu verleiten lassen, unvorteilhafte Investitionen (mit Kapitalwert<0) durchzuführen bzw. sich durch die Ausschüttung nicht davon abhalten lassen, vorteilhafte Investitionen (Kapitalwert≥0) vorzunehmen. Letzteres bedeutet z.B., dass man das durch eine Ausschüttung fehlende Geld durch die Aufnahme von neuem Eigen- oder Fremdkapital ersetzt, sofern noch vorteilhafte Investitionsprojekte möglich sind. Wenn es ein Kontinuum von Investitionsprojekten gibt, wird die nächstbeste in Frage

---

[7] Dazu benutzen wir die Quotientenregel:
   für $f(x) = u(x)/v(x)$ gilt $f'(x) = [u'(x)v(x)-u(x)v'(x)]/(v(x))^2$.

kommende Investition einen Kapitalwert von null haben, was einen Wert von null für die Ableitung (2.22) bedeutet.

Die Ausschüttungsquote entscheidet auch darüber, wie viel Geld beim Anleger in Form von Dividenden ankommt. Manche Anleger reinvestieren dieses Geld nicht, sondern konsumieren es. Könnte ihnen eine bestimmte Dividendenpolitik lieber sein als eine andere? Wenn wir mal von Transaktionskosten absehen, nicht. Wenn Aktionäre mehr (weniger) konsumieren wollen, als an Dividende ausgeschüttet wird, verkaufen (kaufen) sie einfach ein paar Aktien. Für Aktionäre gilt in der Finanzierungstheorie die Devise: Do it yourself. Dividenden kann man sich auch selbst basteln oder zurechtstutzen.

2.3   Kapitalkosten und Unternehmenswert

Im vorangegangenen Abschnitt haben wir mit der Dividendendiskontierung den Wert einer Aktie ermittelt. Analog können wir den Unternehmenswert V, ermitteln, der die Summe aus dem Wert des Eigenkapitals EK und dem Wert des Fremdkapitals FK ist. Dazu errechnen wir die Summe der diskontierten erwarteten Erträge, die den Eigen- und den Fremdkapitalgebern zufließen, d.h. Dividenden plus Zinsen. Wir bezeichnen diese Bruttoerträge im Folgenden mit X_t und erhalten:

$$V_0 = \sum_{t=1}^{\infty} \frac{E[X_t]}{(1+k)^t}$$

Was können wir an dieser Stelle schon über die Kapitalkosten k sagen? Gemäß der Definition der Kapitalkosten als durchschnittliche Finanzierungkosten können wir sie wie folgt darstellen:

$$k = e \cdot \frac{EK}{EK + FK} + i \cdot \frac{FK}{EK + FK} \qquad (2.23)$$

wobei i den vom Unternehmen zu zahlenden Zins auf Fremdkapital bezeichnet. Die Werte für *EK* und *FK*, die wir für die Berechnung nehmen, sollten Marktwerte sein, nicht Buchwerte. Der Grund ist, dass wir uns zur Ermittlung der Kapitalkosten in die Position der Kapitalgeber versetzen. Wenn ein Eigenkapitalgeber seine alternativen Ertragsmöglichkeiten sondiert, wird er den heutigen Wert seiner Aktien mit dem alternativen Ertragssatz multiplizieren. Denn er könnte die Aktien ja verkaufen und sein Geld anders anlegen.

Der heutige Wert ergibt sich direkt über den Börsenkurs, der sich vom Buchwert pro Aktie aus verschiedenen Gründen unterscheiden kann. Ein Grund für die Divergenz von Markt- und Buchwerten des Eigenkapitals ist etwa, dass im Rechnungswesen selbst erstellte immaterielle Vermögensgegenstände wie Markennamen nicht oder nicht in

Höhe der Marktwerte aktiviert werden. Würde man die Buchwerte heranziehen, nähme man an, dass ein Anleger bei Veräußerung seiner Aktien das bekommt, was als Buchwert ermittelt wurde. Dem ist aber schlichtweg nicht so.

Der Hebeleffekt der Verschuldung

Der Quotient FK / (EK+FK), also Fremdkapital durch Gesamtkapital (GK), wird oft als Verschuldungsgrad bezeichnet. Machen wir uns zunächst deutlich, welche Effekte der Verschuldungsgrad auf die Eigenkapitalgeber hat. Eigenkapitalgebern steht all das zu, was an Erträgen nach Bezahlung der Fremdkapitalgeber übrigbleibt. Erwirtschaftet das Unternehmen eine Kapitalrendite (Return on Assets) $ROA=X/(EK+FK)$, so lässt sich die Eigenkapitalrendite darstellen als

$$ROE = \frac{G}{EK} = \frac{ROA \cdot (EK + FK) - i \cdot FK}{EK} \qquad (2.24)$$

Denn der Gewinn G ergibt sich als Bruttoertrag X minus bezahlte Zinsen. Durch Umformung ergibt sich:

$$ROE = ROA + (ROA - i)\frac{FK}{EK} \qquad (2.25)$$

Eine Verschuldung erhöht somit die Eigenkapitalrendite, wenn die Gesamtkapitalrendite über dem Fremdkapitalzins liegt. Natürlich kann die Verschuldung auch die Eigenkapitalrendite senken, wenn das Unternehmen eine geringere Rendite als der Zinssatz aufweist. Machen wir uns dies an einem einfachen Beispiel klar. Der Zinssatz i sei 6%, der Verschuldungsgrad FK/GK sei 50% oder 75%:

	Wahrscheinlichkeit für Zustand	ROA	ROE (FK/GK=50%)	ROE (FK/GK=75%)
Zustand 1	50%	4%	2%	- 2%
Zustand 2	50%	12%	18%	30%
Erwartungswert		8%	10%	14%

Das Beispiel macht klar, dass auch dann eine negative Eigenkapitalrendite erreicht werden kann, wenn das Unternehmen Geld auf das gesamte Kapital verdient. Außerdem illustriert es den Effekt, dass im Erwartungswert die Eigenkapitalrendite steigt, wenn die Verschuldung steigt und $ROA>i$. Die Erhöhung wird aber durch ein größeres Risiko erkauft – verglichen zum Fall mit FK/GK=50% steigt die Bandbreite der Eigenkapitalrendite beim Fall FK/GK=75% von [2%, 18%] auf [-2%, 30%]. Verschuldung ist wie ein Hebel, der Schwankungen im ROA verstärkt auf die Eigenkapitalrendite ROE überträgt.

Verschuldung und Kapitalkosten – die traditionelle These

Bis 1958 gab es keine fundierte, theoretisch konsistente Analyse des Verhältnisses von Kapitalkosten und Verschuldung. Die Auffassung, der man damals war und die sich auch danach noch eine Weile hielt, kann man folgendermaßen zusammenfassen (vgl. auch Abb. 2.1):

Traditionelle These: Eigenkapital ist teurer als Fremdkapital ($e>i$), weil Eigenkapitalgeber stärker dem Risiko unterliegen. Daher wird ein Unternehmen versuchen, Eigenkapital durch Fremdkapital zu ersetzen. Damit setzt aber ein Hebeleffekt ein. Der führt dazu, dass ab einem bestimmten nicht näher gekennzeichneten Niveau die Eigenkapitalkosten ansteigen. Auch die Fremdkapitalkosten beginnen irgendwann zu steigen, da das Risiko steigt, dass das Unternehmen seine Schulden nicht zurückzahlen kann. Als Entschädigung für dieses Risiko fordern Gläubiger höhere Zinsen. Fügt man dies alles zusammen, ergibt sich, dass die Kapitalkosten ein Minimum aufweisen. Es gibt daher einen optimalen Verschuldungsgrad, bei dem die Kapitalkosten minimiert werden.

Abb. 2.1: Kapitalstruktur und Kapitalkosten nach der traditionellen These (k: Kapitalkosten, e=Eigenkapitalkosten, i=Fremdkapitalkosten)

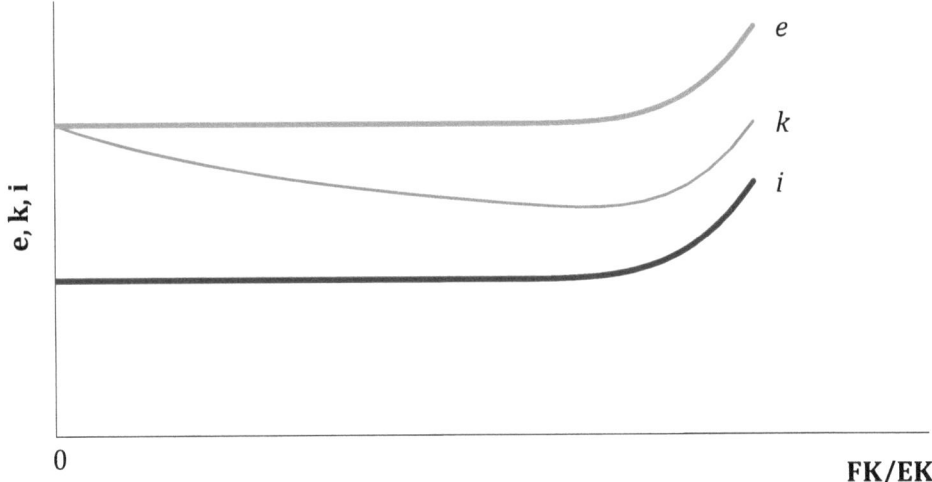

Was bei dieser Argumentation fehlt, ist letztendlich auch das entscheidende Problem bei einer praktischen Umsetzung dieser Argumente: Ab wann beginnen Eigenkapital- bzw. Fremdkapitalkosten zu steigen? Wie stark steigen sie an, d.h. wie stark ist der Hebeleffekt? Ohne eine Antwort auf diese Fragen ist zum einen unklar, wie der optimale Verschuldungsgrad praktisch zu bestimmen ist. Zum anderen fehlt der These das theoretische Fundament. Sie ist eingängig, aber auch ungenau.

Verschuldung und Kapitalkosten – der Arbitragebeweis von Modigliani und Miller

1958 setzten Franco Modigliani (Nobelpreis 1985) und Merton H. Miller (Nobelpreis 1990) der traditionellen These eine fundierte theoretische Analyse entgegen. Die Kernidee dabei ist das ökonomische Grundprinzip, dass identische Güter oder Zahlungsströme auf einem vollkommenen Markt denselben Preis haben sollen. Gilt dies nicht, ergibt sich die Möglichkeit einer Arbitrage, worunter man im engeren Sinne die Möglichkeit versteht, heute ohne Risiko und Kapitaleinsatz einen Gewinn zu realisieren. Aufs praktische Leben angewandt: Wenn im Supermarkt eine Flasche Wasser der Marke Y billiger ist als im Bahnhof, könnten Sie einen Arbitragegewinn erzielen, indem Sie Wasser im Supermarkt einkaufen und im Bahnhof wieder verkaufen. Das funktioniert in der Praxis u.a. deswegen nicht so einfach, weil sie nicht einfach Getränke in einem Bahnhof verkaufen können. Auf Kapitalmärkten gibt es solche Beschränkungen beim Kauf und Verkauf aber in der Regel nicht. Deswegen spielt das Konzept der Arbitrage in der Finanzwirtschaft eine so wichtige Rolle.

Was versteht man unter einem vollkommenen Kapitalmarkt? Wir können ihn hier für unsere Zwecke so definieren:

- ☐ Es gibt keine Steuern, Transaktionskosten oder andere Kosten, die bei der Ausgabe, dem Handeln oder dem Halten von Wertpapieren anfallen könnten

- ☐ Alle Marktteilnehmer sind gleich informiert

- ☐ Marktteilnehmer kaufen und verkaufen zu denselben Preisen, die sich als Barwerte zukünftiger Zahlungen ergeben

Wie motiviert man diese Eigenschaften? Die Abwesenheit von Steuern und Kosten ist eine Vereinfachung, ebenso die Annahme eines gleichen Informationsstands; wir werden darauf zurückkommen, ob diese Annahmen problematisch sind. Die letzte Annahme folgt aus den ersten, wenn noch vollkommener Wettbewerb dazu kommt. Investoren, die Zugang zu identischen Informationen haben und diese auch korrekt nutzen, werden zu einer identischen Preiseinschätzung kommen. Wenn Wettbewerb herrscht und es keine Einschränkungen und Kosten beim Handeln gibt, wird sich diese Einschätzung auch am Markt durchsetzen. Verfügbare Informationen beziehen sich dabei auch auf das Verhältnis Aktionäre und Manager. Manager, die nicht das Optimale aus einem Euro rausholen, werden gar nicht erst eingestellt oder sie werden ersetzt. Wenn jeder Euro, egal wo er herkommt, optimal verwendet wird, hat die Finanzierung eines Projektes auch keinen Einfluss auf die Rückflüsse aus dem Projekt.

Um die Theorie von Modigliani und Miller schnell zu verstehen, führen wir einige weitere vereinfachende Annahmen ein (wir werden später zusammen mit den Annahmen des vollkommenen Kapitalmarkts diskutieren, welche davon problematisch sind und welche nicht). Wir betrachten zwei Unternehmen,

- □ die in alle Ewigkeit einen gleichen erwarteten Bruttoertrag (in Höhe von X pro Jahr, Bruttoertrag ist der Gewinn vor Zinsen) aufweisen;

- □ deren Geschäftsrisiko vergleichbar ist;

- □ deren Fremdkapital risikolos ist, so dass der Fremdkapitalkostensatz gleich dem risikolosen Zins ist. Letzteren bezeichnen wir mit R_f. Im Weiteren setzen wir daher immer R_f, an, wenn die Fremdkapitalkosten eines Unternehmens gemeint sind.

Eines der beiden Unternehmen sei unverschuldet, es wird mit dem Subskript U gekennzeichnet. Das andere Unternehmen sei verschuldet (Subskript V). Zunächst wollen wir die Frage beantworten, ob ein verschuldetes Unternehmen einen anderen Unternehmenswert als das unverschuldete aufweisen kann. Bezeichnen wir den Vermögenswert mit V, ist unsere Frage

$$V_U \overset{?}{\neq} V_V \, .$$

Um eine Antwort darauf zu finden, nehmen wir einfach mal an, dass sich die beiden Unternehmenswerte unterscheiden und stellen die Frage, ob dies unter unseren Annahmen möglich sein kann. Wir könnten die Frage mit nein beantworten, wenn eine Investition in die beiden Unternehmen genau den gleichen Ertrag liefert. Tut sie das? Wenn wir einen Anteil α am Eigenkapital der beiden Unternehmen erwerben, ergeben sich folgende Zahlungsströme

	Zahlung	
	In $t=0$	In jedem Zeitpunkt der Zukunft
EK-Anteil unverschuldetes Unternehmen	$-\alpha EK_U$	αX
EK-Anteil verschuldetes Unternehmen	$-\alpha EK_V$	$\alpha(X - R_f FK_V)$

Wir sind offensichtlich noch nicht am Ziel. Die Erträge in der Zukunft unterscheiden sich. Mit einem kleinen Trick können wir sie aber auf eine identische Höhe bringen. Wir kombinieren den EK-Anteil am unverschuldeten Unternehmen mit einem Kredit. Wir nehmen zum Zinssatz R_f genauso viel Kredit auf, wie im verschuldeten Unternehmen Fremdkapital auf den Eigenkapitalanteil α kommt. Dies führt zu

	Zahlung	
	In $t=0$	In jedem Zeitpunkt der Zukunft
EK-Anteil unverschuldetes Unternehmen	$-\alpha\, EK_U$	$\alpha\, X$
Kredit	$\alpha\, FK_V$	$-R_f\alpha FK_V$
EK-Anteil verschuldetes Unternehmen	$-\alpha\, EK_V$	$\alpha(X - R_f FK_V)$

Nun fassen wir die Zahlungsströme für den ersten Fall zusammen, und nutzen die Bilanzidentität $V=EK+FK$ aus, was unter anderem $V_U= EK_U$ impliziert. Wir erhalten

	Zahlung	
	in $t=0$	In jedem Zeitpunkt der Zukunft
EK-Anteil unverschuldetes Unternehmen + Kredit	$-\alpha(V_U - FK_V)$	$\alpha(X - R_f FK_V)$
EK-Anteil verschuldetes Unternehmen	$-\alpha(V_V - FK_V)$	$\alpha(X - R_f FK_V)$

Beide Investitionen liefern identische Rückflüsse in der Zukunft. Sie sollten daher denselben Preis haben. Der Preis der Investition in $t=0$ unterscheidet sich nur in V_U bzw. V_V. Daher muss gelten: $V_U=V_V$.

Wir haben daher gezeigt, dass der Unternehmenswert unabhängig von der Verschuldung ist. Wäre es nicht so, gäbe es eine Arbitragegelegenheit. Machen wir uns diese für den Fall $V_U<V_V$ klar. Was würde ein Arbitrageur machen? Er würde das kaufen, was billiger ist, also Aktien des unverschuldeten Unternehmens. Er würde das verkaufen, was teurer ist, also Aktien des verschuldeten Unternehmens. Dies erscheint einfach, wenn man die Aktien bereits besitzt. Was wenn nicht? Auf einem vollkommenen Kapitalmarkt kann man Aktien und andere Güter leerverkaufen, d.h. verkaufen ohne dass man sie besitzt. Rein praktisch funktioniert das folgendermaßen: man leiht sich die Aktien von einem Investor für eine bestimmte Zeit und verkauft diese geliehenen Aktien sofort. Somit hat man heute Einnahmen; in der Zukunft muss man die Aktien zurückgeben. [8]

---

[8] Leerverkäufe werden z.B. von Hedgefonds in großem Stil durchgeführt; mittlerweile ermöglichen einige Banken auch Privatkunden die Tätigung von Leerverkäufen. In der Praxis muss man denjenigen Institutionen, bei denen man die Aktie leiht, Geld oder Wertpapiere zur Sicherheit überlassen. Auch wenn man dies berücksichtigt, bleibt die Argumentationskette von Modigliani und Miller jedoch bestehen.

Zu Kauf und Verkauf von Aktien kommt eine Kreditaufnahme, deren Höhe sich aus dem Fremdkapital des verschuldeten Unternehmens ergibt. Insgesamt ist das Arbitragegeschäft mit folgenden Zahlungen in $t=0$ verbunden:

Zahlung aus Verkauf	− Zahlung für Kauf	+ Kreditaufnahme
$= \alpha\ EK_V$	$-\ \alpha\ V_U$	$+\ \alpha\ FK_V$
$= \alpha\ (V_V - FK_V)$	$-\ \alpha\ V_U$	$+\ \alpha\ FK_V$
$=$	$\alpha\ (V_V - V_U)$	

Sofern wie angenommen $V_U < V_V$, ergibt sich somit heute ein Gewinn. Wie ist es in der Zukunft? In der Zukunft gibt es zwar Zahlungsströme, aber diese saldieren sich für unsere Kombination von Kauf, Verkauf und Kreditaufnahme gerade auf null. Nehmen wir dafür an, wir hätten uns das Fremdkapital genauso wie die Aktie, die wir in t verkauften, auf Ewigkeit geliehen. Dem Verleiher müssten wir dann in jedem Zeitpunkt die anfallende Dividende zahlen. Wir erhalten weiterhin die Dividende des unverschuldeten Unternehmens und müssen noch unsere Kreditzinsen zahlen. Unsere zukünftigen Zahlungsströme sehen also wie folgt aus:

Verpflichtung aus Verkauf	+ Dividende	− Zinszahlung
$= -\alpha(X - R_f FK_V)$	$+ \alpha X$	$-R_f \alpha FK_V$
$=$	0	

Da die Berechnungen zwar rechnerisch nicht schwierig sind, aber doch auf den ersten Blick nicht ganz übersichtlich sein mögen, wollen wir noch einmal versuchen, uns die Intuition hinter dem Ergebnis von Modigliani-Miller deutlich zu machen. Man könnte auch durch folgende einfache Frage zu dem Ergebnis kommen: Warum sollte ein Euro, den ein Unternehmen erwirtschaftet (= unser Bruttoertrag) dadurch mehr oder weniger wert sein, dass man ihn mal so mal so auf Eigen- oder Fremdkapitalgeber verteilt? Stellen Sie sich nur einmal vor, sie würden als eine Person sämtliches Eigen- und Fremdkapital eines Unternehmens besitzen. Könnten Sie sich dadurch reicher machen, dass sie auf ihrem Konto und im Unternehmen Eigen- gegen Fremdkapital tauschen? Nein. Sie würden nur Geld von hier nach dort schieben. Mehr wird es dadurch nicht.

Modigliani-Miller und Kapitalkosten

Wir haben gesehen, dass zwei Unternehmen mit gleichem erwarteten Bruttoertrag X immer denselben Unternehmenswert V aufweisen, unabhängig davon wie ihr Verschuldungsgrad ist. Halten wir uns noch einmal die Formel für den Unternehmenswert vor Augen

$$V = \sum_{t=1}^{\infty} \frac{E[X_t]}{(1+k)^t} \, ,$$

sehen wir, dass dies nur funktionieren kann, wenn die Kapitalkosten identisch und damit unabhängig vom Verschuldungsgrad sind. Kann man das auch direkt zeigen?

Nehmen wir wieder an, dass ein Unternehmen konstante erwartete Bruttoerträge X erwirtschaftet und den Residualgewinn komplett an die Eigenkapitalgeber ausschüttet. Die Wachstumsrate der Dividenden ist dann gleich null, und die Eigenkapitalkosten sind gleich der Dividendenrendite (vgl. Formel (2.12)). Für das verschuldete Unternehmen erhalten wir als Dividende $X - R_f FK_V$, womit für die Eigenkapitalkosten folgt:

$$e_V = \frac{X - R_f FK_V}{EK_V} \tag{2.26}$$

Wegen gleicher erwarteter Bruttoerträge der beiden Unternehmen können wir X ersetzen durch $e_U V_U$ (beim unverschuldeten Unternehmen gilt $EK_U = V_U$ und der gesamte Bruttoertrag fließt an die Eigenkapitalgeber):

$$e_V = \frac{e_U V_U - R_f FK_V}{EK_V} \tag{2.27}$$

Aus dem vorherigen Abschnitt wissen wir: $V_U = V_V$. Verwenden wir diese Identität erhalten wir:

$$e_V = \frac{e_U V_V - R_f FK_V}{EK_V} = \frac{e_U (EK_V + FK_V) - R_f FK_V}{EK_V} \tag{2.28}$$

Jetzt nur noch eine kleine Gleichungsmassage und wir erhalten:

$$e_V = e_U + e_U \frac{FK_V}{EK_V} - R_f \frac{FK_V}{EK_V}$$

$$= e_U + (e_U - R_f) \frac{FK_V}{EK_V} \tag{2.29}$$

Eigenkapitalkosten sind somit eine lineare Funktion der Verschuldung, ausgedrückt durch den Quotienten FK/EK. Der Zusammenhang entspricht dem Zusammenhang, der

den Hebeleffekt beschreibt (2.25). Dies macht deutlich, dass der Anstieg der Eigenkapitalkosten eine Kompensation für die Erhöhung des Risikos darstellt, die mit höherer
Verschuldung verbunden ist.

Setzt man diese Formel für die Eigenkapitalkosten in die Formel für die Kapitalkosten
ein (2.23) erhält man folgendes Ergebnis:

$$k = e_U \qquad\qquad (2.30)$$

In Worten: Die Kapitalkosten sind konstant und gleich den Eigenkapitalkosten eines
unverschuldeten Unternehmens. Graphisch stellen sich die Zusammenhänge folgendermaßen dar (Abb. 2.2):

Abb. 2.2: Kapitalstruktur und Kapitalkosten nach Modigliani-Miller
(k: Kapitalkosten, e=Eigenkapitalkosten, R_f=Fremdkapitalkosten bei risikolosem Fremd-
kapital)

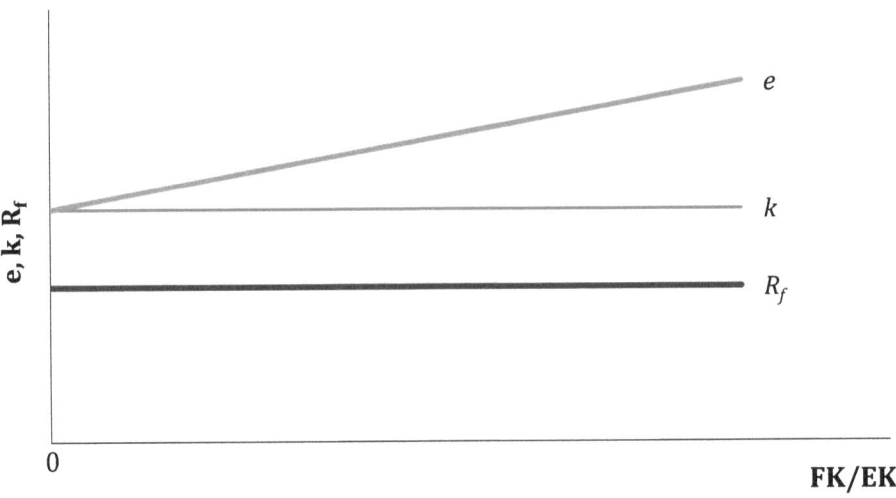

Zur Realitätsnähe von Modigliani-Miller

Zur Ableitung der Ergebnisse haben wir einige Annahmen getroffen. Einige davon sind
eher didaktischer Natur. Sie erleichtern die Darstellung. Etwa die Annahme, dass wir
zwei Unternehmen vor uns haben, die identische erwartete Bruttoerträge aufweisen
und vom Risiko her vergleichbar sind. Die kritischen Punkte wollen wir im Folgenden
kurz diskutieren:

Es gibt kein Insolvenzrisiko: Diese Annahme entspricht offensichtlich nicht der Realität. Allerdings kann man zeigen, dass das Insolvenzrisiko an sich Modigliani-Miller nicht umstößt. Eine Zunahme der Verschuldung erhöht zwar das Insolvenzrisiko und senkt damit den Wert des Fremdkapitals; allerdings erhöht sich auch der Wert des Eigenkapitals. Dies ergibt sich aus der Asymmetrie, die aus der beschränkten Haftung folgt: der Hebeleffekt macht das Eigenkapital riskanter, aber mehr als 100% verlieren kann man mit Eigenkapital nicht – mehr als 100% gewinnen kann man aber schon.

Insolvenzrisiko kann die Geltung von Modigliani-Miller aber aufheben, sofern mit einer Insolvenz zusätzliche Kosten verbunden sind. Dies können Kosten für den Insolvenzverwalter oder Nachteile aus der erzwungenen Liquidation von Vermögenswerten sein. Insolvenzkosten können aber auch schon vor der Insolvenz auftreten, etwa wenn Kunden sich von einem insolvenzgefährdeten Unternehmen abwenden, weil sie nicht Gefahr laufen wollen, später keine Ersatzteile oder Garantieleistungen mehr zu erhalten.

Eigen- und Fremdkapitaltitel werden auf vollkommenen Kapitalmärkten gehandelt: Bei Aktien börsennotierter Unternehmen kommt der Handel den Vorstellungen eines vollkommenen Kapitalmarktes oft nahe. Bei der Geldanlage und -aufnahme denkt man gerne an die hohen Zinsen, die man als Privatanleger für Überziehungskredite zahlen muss und die viel höher sind als die, die Staaten wie Deutschland auf ihre Anleihen bezahlen. Hier darf man nicht übersehen, dass man auch als Privatanleger teilweise recht günstig Kredite aufnehmen kann, wenn man Sicherheiten bieten kann (z.B. Immobilien), und dass die Differenz zwischen Soll- und Habenzinsen auch das Insolvenzrisiko der Kreditnehmer widerspiegelt, dieses aber an sich mit Modigliani-Miller kompatibel ist.

Die erwarteten Bruttogewinne sind von der Kapitalstruktur unabhängig: Dies mag auf den ersten Blick eher unkritisch sein. Warum sollte ein Unternehmen mit einem Euro mehr oder weniger erwirtschaften, nur weil er von Eigen- statt von Fremdkapitalgebern kommt? Das sieht man dem Euro beim Investieren doch nicht mehr an. Der Finanzierungsmix kann sich jedoch sehr wohl auf die Erträge auswirken, wenn die Manager eines Unternehmens sich nicht immer im Sinne der Kapitalgeber verhalten, sondern unnötig Geld für luxuriöse Büros oder Firmenjets ausgeben, ab und zu was in die eigene Tasche abzweigen oder sich bei Geschäftsentscheidungen eher vom eigenen Ego als von den Interessen der Kapitalgeber leiten lassen. Die daraus resultierenden Kosten nennt man oft Agency-Kosten. Die „Agents" (bedeutet nicht nur Geheimagent, sondern auch „a person who acts on behalf of another person, group, business, government etc."), von denen sich der Begriff ableitet, sind hierbei die Manager, die ihr Eigeninteresse verfolgen und daher Kosten für die Kapitalgeber verursachen.

Manager können dann ihren Interessen nachgehen, wenn sie freie Mittel zur Verfügung haben und bei schlechter Geschäftsentwicklung, die vielleicht mit der Verfolgung der

Eigeninteressen verbunden ist, nicht unter Druck geraten. Bei einer kompletten Eigenkapitalfinanzierung sind beide Bedingungen am ehesten erfüllt. Von den erwirtschafte-
ten Erträgen muss nichts an Fremdkapitalgeber abgeführt werden, und Manager können über die Steuerung des Gewinnausweises oder auf anderem Wege versuchen, dass
möglichst wenig davon ausgeschüttet wird. Geht es dem Unternehmen schlecht, werden die Aktionäre murren, aber gerade bei einem breit gestreuten Anteilsbesitz ist der
Druck auf die Manager oft klein. Je mehr Fremdkapital ein Unternehmen besitzt, desto
weniger Gewinn steht absolut zur Disposition, und desto eher kommt ein Unternehmen
in eine Situation, in der Gläubiger um die Rückzahlung ihrer Kredite fürchten und ihre
Rechte und Möglichkeiten ausnutzen, um Druck auf das Management auszuüben.
Fremdkapital kann somit eine disziplinierende Wirkung auf das Management haben,
was sich positiv auf den Unternehmenswert auswirkt. Modigliani-Miller gilt dann nicht
mehr.

*Es gibt keine Steuern auf Eigen- und Fremdkapital bzw. Eigen- und Fremdkapital werden
steuerlich gleichbehandelt.* Natürlich gibt es in fast allen Ländern Steuern. In vielen Ländern gibt es auch eine Regel, die Fremdkapital bevorzugt: Fremdkapitalzinsen sind bei
der Gewinnermittlung von Unternehmen abzugsfähig, mindern also die Unternehmens-
steuerbelastung. Dies scheint eine klare Verletzung der für Modigliani-Miller nötigen
Annahme darzustellen. Allerdings ist der Punkt damit noch nicht abgehakt. Wie oft in
unseren Analysen reicht es nicht, allein auf das Unternehmen zu schauen – hier also
allein auf dessen Steuerbelastung. Entscheidend ist vielmehr die gesamte Belastung der
Kapitalgeber. Freilich ist die Unternehmenssteuer ein Teil davon, denn Unternehmen
könnten ihren Kapitalgebern mehr ausschütten, wenn sie keine Steuern zahlen müssten. Kapitalgeber müssen selbst aber auch Steuern auf Zinsen, Dividenden und Kursge-
winne zahlen. Will man die Annahme der steuerlichen Gleichbehandlung von Eigen-
und Fremdkapital überprüfen, muss man daher alle Steuern betrachten, die auf dem
Weg von der Unternehmenskasse zum Portemonnaie der Kapitalgeber anfallen. Welche
Kapitalform dabei bevorzugt wird, ist oft schwer abzuschätzen und ändert sich auch
immer wieder mit den häufigen Änderungen in der Steuergesetzgebung. Halten wir daher fest, dass die steuerliche Diskriminierung durchaus ein Problem für Modigliani-Miller darstellt, es aber nicht damit getan ist, auf die steuerliche Abzugsfähigkeit von
Fremdkapital zu verweisen.

***

*Bei Gordon ist das
g konstant, das V und k
bei M und M.*

3 Risiko und Rendite

Schlüsselbegriffe: Durchschnittsrenditen, Diversifikation, systematisches und unsystematisches Risiko, Volatilität, Wurzel-T-Regel, Duration, Erwartungsnutzentheorie.

3.1 Einleitung

Nachdem am 23. Juni 2016 das Referendum in Großbritannien zugunsten des Brexit ausgegangen war, sank der deutsche Aktienmarkt – gemessen am DAX – am Folgetag um 7%. Nachdem am 18. September 2015 die Dieselaffäre publik geworden war, ging der Kurs der Volkswagen-Aktie innerhalb eines Tages um über 16% zurück.

Man könnte fast endlos weiterfahren und solche spektakulären und weniger spektakulären Fälle anführen, in denen neue Informationen zu Kursbewegungen führen. Am Ende müsste man aber trotzdem folgern, dass man einen großen Teil der Kursbewegungen an Kapitalmärkten nicht direkt erklären kann.

Will man verstehen, was zu hohen und niedrigen Renditen führt, ist es sinnvoller, den Kapitalmarkt nicht aus den Details heraus verstehen zu wollen, sondern aus den großen Zusammenhängen und Relationen. Gibt es etwa Anlagen, die auf lange Sicht relativ hohe Erträge erzielen? Wodurch zeichnen sich diese aus? Wir wollen in diesem Kapitel die Grundlage zu einer solchen Analyse des Kapitalmarktes legen.

3.2 Risiko und Rendite am Kapitalmarkt

Indizes

Fragt man sich, welche Wertentwicklung an Kapitalmärkten zu erzielen ist, muss man zunächst einmal festlegen, worin man denn genau investiert. Es gibt Tausende von Aktien. Investiert man in alle oder nur in eine Auswahl? Investiert man in Siemens oder Deutsche Telekom genauso viel wie in Borussia Dortmund?

Gewöhnlich orientiert man sich bei solchen Fragen an Indizes. Ein Index bildet die Wertentwicklung eines Korbs von Wertpapieren ab; die Zusammensetzung des Korbes wird immer wieder angepasst. Bekannte Indizes sind:

DAX:	40 große deutsche Aktien
S&P 500:	500 große US Aktien
EuroStoxx 50:	50 große Aktien der Euro-Länder
Stoxx 50:	50 große europäische Aktien
Dow Jones:	30 große US-Aktien

Nikkei:	225 große japanische Aktien
NASDAQ 100:	100 große Aktien der US-Börse NASDAQ
REX:	deutsche Staatsanleihen

Bei den genannten Aktienindizes kommt in der Beschreibung überall das Wort groß vor. Größe wird bei Aktien in der Regel über die Marktkapitalisierung definiert. Das ist der Marktwert aller Aktien bzw. aller Aktien im Streubesitz. Unter Streubesitz versteht man die Aktien, die nicht von Großaktionären gehalten werden. Durch die Beschränkung auf den Streubesitz versucht man, die Handelbarkeit einer Aktie zu erfassen. Denn Aktien, die z.B. in Familienbesitz oder im Besitz eines anderen Unternehmens sind, werden nur dann gehandelt, wenn diese Aktionäre einmal verkaufen, was Jahrzehnte dauern kann. Der Streubesitz lässt sich feststellen, da Großaktionäre ihren Aktienbesitz melden müssen. Teilweise (z.B. beim DAX) wird bei der Aktienauswahl auch die durchschnittliche Zahl der gehandelten Aktien betrachtet.

Hat man Wertpapiere für einen Index ausgewählt, muss man noch festlegen, wie sie im Index gewichtet werden. Die meisten Indizes gewichten heute nach dem Börsenwert des Streubesitzes.

Eine wichtige Unterscheidung von Indizes ist die in Preis- und Performanceindizes. Preisindizes (auch Kursindizes genannt) berücksichtigen keine Dividenden bzw. Anleihekupons. Bei Performanceindizes (auf englisch *total return index* oder einfach *return index*) werden dagegen Dividenden und Kupons gedanklich reinvestiert und erhöhen somit den Indexwert. Für Anleger, die an Informationen über erzielbare Wertentwicklungen interessiert sind, sind somit die Performanceindizes relevant, da Dividenden und Kupons einen nicht unerheblichen Teil der Wertentwicklung ausmachen. Bei den meisten Indizes, deren Indexstände standardmäßig als Preisindex berichtet werden (z.B. dem S&P 500) sind auch Daten für den zugehörigen Performanceindex verfügbar und umgekehrt.

Reale Wertentwicklung

Fragen wir uns zu Beginn, welche realen Wertzuwächse man in der Vergangenheit am größten Kapitalmarkt der Welt – dem US-amerikanischen – hätte erzielen können (s. Abb. 3.1, die Daten enden 2021).[9]

---

[9] Daten zu S&P 500, Coroporate Bonds, Long T-Bonds und Inflation stammen von der Webseite von Amit Goyal, der sie aus verschiedenen Quellen zusammengestellt hat, die aus Angaben auf der Webseite ersichtlich sind. Daten für T Bills und Small Caps stammen von der Webseite von Kenneth French. Das Small Cap Portfolio ist das value weighted „Low 30" portfolio der size sorted portfolios. Dividenden und Kupons sind in den Indizes jeweils berücksichtigt.

Abb. 3.1 Was wurde aus 1$, angelegt 1926 (zu 1926er Preisen)

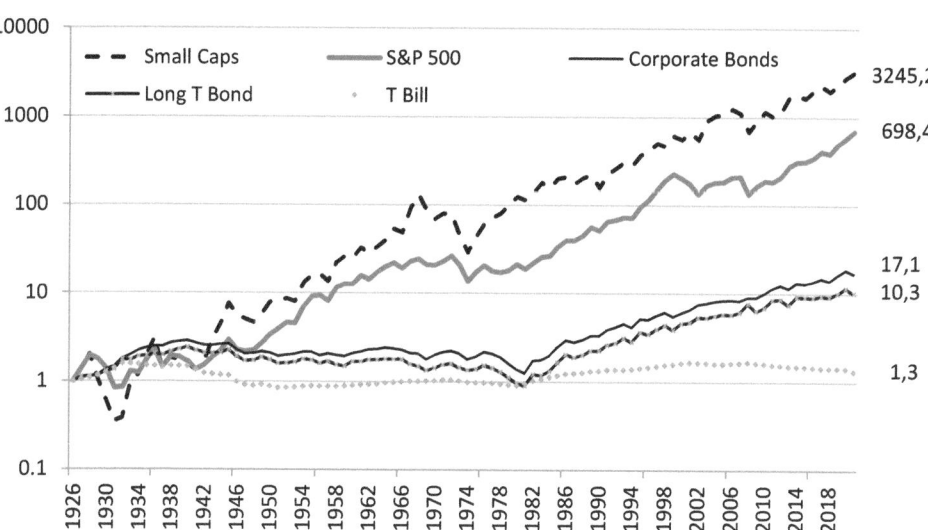

Hätte man sein Geld in die jeweils größten 500 Aktien investiert (S&P 500), wären aus 1 Dollar nach 95 Jahren 698,4 Dollar geworden – entsprechend wären aus 10,000 Dollar 6,984 Mio Dollar geworden! Und das real, das heißt nach Berücksichtigung der Inflation. Hätte man sein Geld in Aktien mit kleiner Marktkapitalisierung gesteckt (Small Caps für *Small Capitalization stocks*) wäre es fast fünf Mal mehr gewesen. Im Vergleich dazu sehen die Wertsteigerungen, die man mit Anleihen hätte erzielen können, geringer aus. Bei Unternehmensanleihen wären aus einem Dollar 17,1 geworden, bei langlaufenden Staatsanleihen (long T-Bonds steht kurz für long-term Treasury Bonds) 10,3 und bei kurzlaufenden Staatsanleihen (T-Bills für Treasury Bills) nur 1,3.

Bevor wir uns die Wertentwicklungen noch näher anschauen, wollen wir kurz nachvollziehen, wie Abb. 3.1 zustande gekommen ist. Wir brauchen dazu für jede der Anlageformen die Wertentwicklung eines Index. Außerdem brauchen wir einen Verbraucherpreisindex. Die Zahlen für die Grafik kann man am Beispiel des S&P 500 wie folgt ermitteln (*S&P500* bezeichnet hier den Performanceindex):

$$Wert_t = Wert_{t-1} \frac{S\&P500_t}{S\&P500_{t-1}} \Big/ \frac{\text{Verbraucherpreisindex}_t}{\text{Verbraucherpreisindex}_{t-1}} \qquad (3.1)$$

Wir beginnen die Berechnungen in $t=1927$; den Wert für 1926 setzen wir davor auf 1. Wie kommt man auf diese Formel? Die realen Werte des Portfolios verhalten sich zueinander wie die realen S&P-Werte. Um letztere zu bestimmen, teilt man den S&P-Indexstand durch den Verbraucherpreisindex. Es gilt also folgende Relation

$$\frac{Wert_t}{Wert_{t-1}} = \frac{S\&P500_t/\text{Verbraucherpreisindex}_t}{S\&P500_{t-1}/\text{Verbraucherpreisindex}_{t-1}}$$

Um zu (3.1) zu gelangen, müssen wir nur $Wert_{t-1}$ auf die andere Seite bringen und dort im Bruch etwas umsortieren.

Die y-Achse in der Grafik ist übrigens logarithmisch skaliert – gleiche Abstände auf der y-Achse korrespondieren daher gleichen prozentualen Unterschieden. Das ist zum einen deshalb sinnvoll, weil man sonst schlecht sehen würde, wie die Wertentwicklung am Anfang sowie die von Anlagen mit geringer Wertentwicklung verlief. Schauen wir uns nur einmal an, wie das ganze in normaler Skalierung aussieht (Abb. 3.2)

Abb. 3.2 Was wurde aus 1$, angelegt 1926 (zu 1926er Preisen) – nicht logarithmisch skaliert

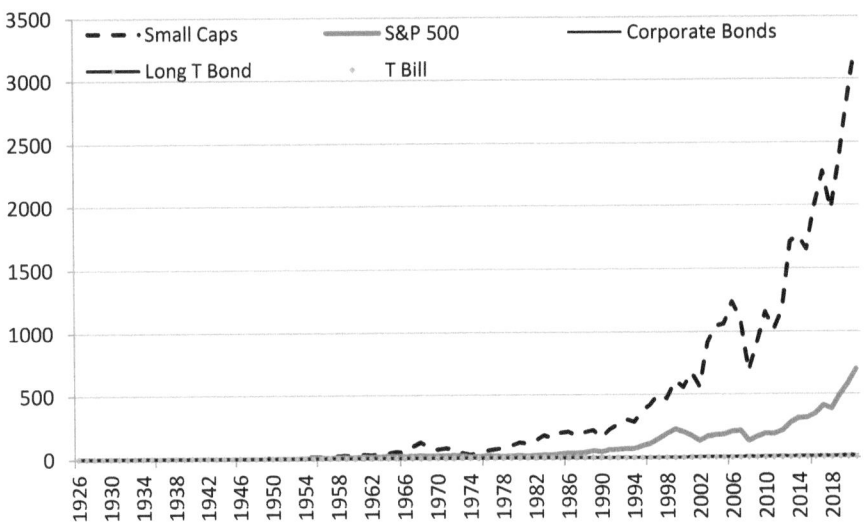

Eine logarithmische Skalierung ist auch deshalb sinnvoll, weil Anleger an prozentualen Veränderungen besser ablesen können, was sie verdient hätten. Wenn ein Index von 100 auf 200 steigt, bringt das Anlegern genauso viel wie wenn er von 10000 auf 20000 steigt.

Durchschnittsrenditen

Wenn man die Wertentwicklung einer Anlage quantifiziert, spricht man meist von Rendite pro Jahr. Prozentuale Wertentwicklungen, wie sie durch Renditen ausgedrückt werden, sind besser über Anleger und Anlageformen hinweg zu vergleichen; das Gleiche gilt, wenn man den Horizont auf ein Jahr vereinheitlicht.

Wir haben zwei Möglichkeiten, um die Entwicklung über mehrere Jahre in einer Durchschnittsrendite zusammenzufassen. Zum einen können wir den arithmetischen Durchschnitt der einzelnen Jahresrenditen berechnen:

$$\bar{R} = \frac{1}{T}\sum_{t=1}^{T} R_t \quad mit\ R_t = R_{t-1,t} = \frac{Wert_t - Wert_{t-1}}{Wert_{t-1}} = \frac{Wert_t}{Wert_{t-1}} - 1 \quad (3.2)$$

wobei wir für die Rendite von *t-1* bis *t* die Kurzschreibweise R_t verwenden. Zum anderen können wir die geometrische Durchschnittsrendite ermitteln:

$$\overline{R_g} = \left(\prod_{t=1}^{T}(1 + R_t)\right)^{1/T} - 1 = \left(\frac{Wert_T}{Wert_0}\right)^{1/T} - 1 \quad (3.3)$$

Die geometrische Durchschnittsrendite ist kleiner als die arithmetische. Für die betrachteten Anlagen ergeben sich folgende Werte (wie gehabt real):

	Durchschnittsrenditen (1927-2021)	
	arithmetisch	geometrisch
S&P 500	9,0%	7,1%
Small Caps	13,4%	8,9%
Corporate Bonds	3,5%	3,0%
Long T-Bonds	3,0%	2,5%
T-Bills	0,4%	0,3%

Historische Durchschnittsrenditen werden oft verwendet, um Renditeprognosen für die Zukunft abzugeben. Ein Problem dabei kann sein, dass sich die Rahmenbedingungen geändert haben und eine direkte Fortschreibung der Historie daher unangebracht ist. Aber nehmen wir an, dieses Problem bestünde nicht – wir könnten darauf vertrauen, dass die Zukunft in Erwartung das bringt, was auch die Vergangenheit brachte. Dann müssen wir immer noch entscheiden, ob wir für die Prognose den arithmetischen oder den geometrischen Durchschnitt verwenden. Die Antwort darauf ist nicht ganz einfach und zweigeteilt:

☐ Wenn wir die Prognose nur für ein Jahr aufstellen sollen, sollten wir den arithmetischen Durchschnitt der jährlichen Renditen nehmen.

☐ Wenn man eine Prognose für die Wertentwicklung über M Jahre abgeben soll, geht dies rein rechnerisch so: $(1+\text{Durchschnittsrendite})^M$. Man kann zeigen, dass die Verwendung der arithmetischen Rendite hierbei dazu führt, die Wertentwicklung über M Jahre zu überschätzen; bei der geometrischen Rendite ist das Gegenteil der Fall. Als Faustregel kann man ableiten, dass man sich umso stärker an der arithmetischen Rendite (statt an der geometrischen) orientieren soll, je größer T/M ist; dabei ist T die Länge der Daten, mit denen die Durchschnittsrendite bestimmt worden ist.

Wir wollen dies hier nicht weiter vertiefen,[10] sondern uns nur noch ein extremes Beispiel dafür anschauen, dass die arithmetische Rendite zur Überschätzung der langfristigen Renditen führen kann. Nehmen wir an, wir haben folgende Indexentwicklung über zwei Jahre beobachtet:

	t=0	t=1	t=2
Wert	100	80	99
Rendite		-20%	23,75%

Die arithmetische Durchschnittsrendite über diese zwei Jahre ist 1,875%, obwohl der Indexwert am Ende der zwei Jahre unter dem Anfangswert liegt. Hochgerechnet auf die nächsten 50 Jahre würde man bei der Verwendung dieses Durchschnittswertes erwarten, dass aus 100 Euro 253,2 Euro werden ($=1{,}01875^{50}$). Wahrscheinlich hätten sie auch Ihre Zweifel, ob die beobachtete Kursentwicklung eine solche Prognose rechtfertigt.

Ein Wort noch zum Abschluss: Wir haben uns reale Renditen angeschaut, weil Inflation zu Kaufkraftverlust führt, was für Anleger ja relevant ist. Trotzdem schauen Anleger oder Finanzberater meist auf nominale Renditen. Wenn man sich dessen bewusst ist, mag es in Ordnung sein, aber die Erfahrung zeigt, dass Menschen Schwierigkeiten haben, die Wirkung von Inflation einzuschätzen. Ein Fehler, den man bei der Verwendung nominaler Renditen machen kann, ist folgender: Wenn die Inflation in der Zukunft niedriger ist als in der Vergangenheit, man die nominale Durchschnittsrendite der Vergangenheit aber in die Zukunft extrapoliert, werden die Renditeerwartungen zu hoch liegen. Denn wenn die Inflation niedriger ist, sollten auch die nominalen Aktienrenditen niedriger sein, weil die Umsätze von Unternehmen (und damit Gewinne und Dividenden) bei niedrigerer Inflation nominal weniger stark wachsen.

---

[10] Eine ausführlichere Diskussion findet sich z.B. in Jacquier, E., Kane, A., und Marcus, A. J. (2003). Geometric or arithmetic mean: A reconsideration. *Financial Analysts Journal* 59, 46-53.

Standardabweichung der Renditen

Anlagen am Kapitalmarkt sind mit Risiko verbunden: Man weiß nicht, welche Wertentwicklung sich einstellen wird. Abb. 3.3 zeigt zur Illustration jährliche Renditen für den S&P 500 und für langlaufende Anleihen. Beim S&P 500 schwankt die Rendite zwischen -40% und 54%, bei den Anleihen zwischen -17% und 35%. Die höhere Rendite des S&P 500 gibt es offenbar nicht umsonst – sie ist mit einem höheren Risiko verbunden.

Abb. 3.3 Jährliche Renditen des S&P 500 und von Long T Bonds (rechts).

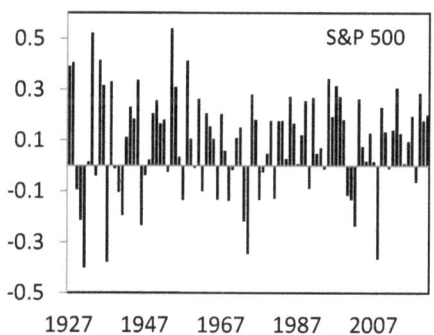 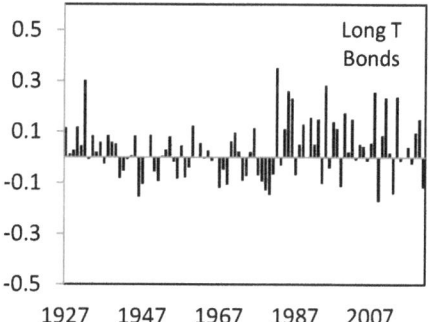

Wenn man die Schwankungsbreite mit einer Kennzahl beschreiben will, verwendet man in der Regel die Standardabweichung σ, die Quadratwurzel aus der Varianz σ². Sie hat anders als die Varianz die gleiche Dimension wie die Renditen. Mit beobachteten Renditen R_t würde man sie wie folgt schätzen:

$$\sigma = \sqrt{\sigma^2} = \sqrt{\frac{1}{T-1}\sum_{t=1}^{T}(R_t - \bar{R})^2} \quad mit\ \bar{R} = \frac{1}{T}\sum_{t=1}^{T}R_t$$

Hier die Zahlen für unsere fünf Anlageformen:

	Arithmetische Durchschnittsrendite	Standardabweichung σ	Varianz σ²
S&P 500	9,0%	19,7%	3,9%
Small Caps	13,4%	32,3%	10,4%
Corporate Bonds	3,5%	9,6%	0,9%
Treasury Bonds	3,0%	10,9%	1,2%
T-Bills	0,4%	3,8%	0,1%

In der Tendenz gilt: je höher das mit der Standardabweichung gemessene Risiko, desto höher die durchschnittliche Rendite. Ob man dies genau so erwarten sollte, können wir an dieser Stelle noch nicht sagen. Wir werden in Kapitel 4 auf die Frage nach dem Zusammenhang zwischen Rendite und Risiko zurückkommen.

Konfidenzintervalle

Wie kann man aus solchen Zahlen zu einer konkreten Einschätzung dessen kommen, was z.B. bei einer einjährigen Anlage in Aktien oder Anleihen alles passieren kann? Ein Weg besteht darin, eine Verteilungsannahme für die Renditen zu treffen. Wenn die Renditen zum Beispiel normalverteilt sind, können wir für die Rendite des kommenden Jahres schnell ein symmetrisches Konfidenzintervall aufstellen. Wir vergegenwärtigen uns dafür erst einmal die Eigenschaften der Normalverteilung: Sie ist vollständig durch Erwartungswert μ und Standardabweichung σ beschrieben. Ihre Dichtefunktion hat folgendes Aussehen (Abb. 3.4):

Abb. 3.4 Normalverteilung und Konfidenzintervalle

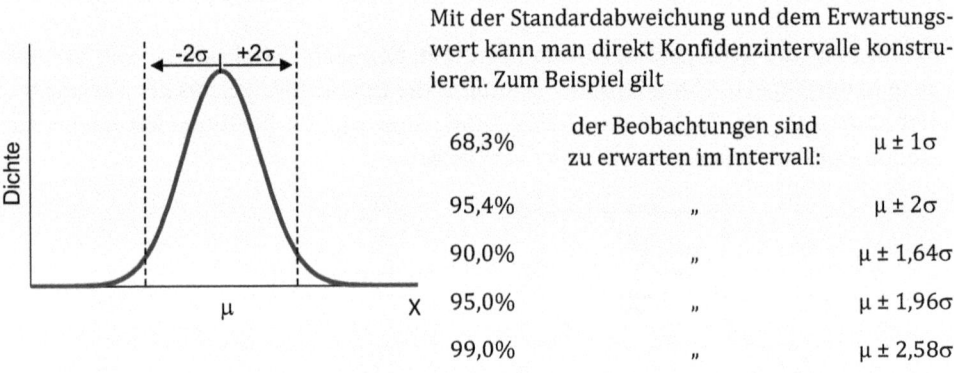

Mit der Standardabweichung und dem Erwartungswert kann man direkt Konfidenzintervalle konstruieren. Zum Beispiel gilt

	der Beobachtungen sind zu erwarten im Intervall:	
68,3%		$\mu \pm 1\sigma$
95,4%	„	$\mu \pm 2\sigma$
90,0%	„	$\mu \pm 1{,}64\sigma$
95,0%	„	$\mu \pm 1{,}96\sigma$
99,0%	„	$\mu \pm 2{,}58\sigma$

Um bei einer normalverteilten Variable zu einem Konfidenzintervall zu kommen, geht man vom Erwartungswert aus ein Vielfaches der Standardabweichung nach links und nach rechts. Die Faktoren, mit denen man dabei die Standardabweichungen multipliziert, bekommt man aus der Standardnormalverteilung. Diese hat Erwartungswert null und Standardabweichung eins. Die Faktoren sind Quantile der Standardnormalverteilung. Ein α-Quantil hat die Eigenschaft, dass ein Anteil α aller Beobachtungen unterhalb des Quantilwertes liegen. Man erhält diese Quantile, indem man das α in die Inverse der kumulierten Verteilungsfunktion einsetzt. Dies wird in der folgenden Abbildung am Beispiel des 95% Quantils gezeigt (Abb. 3.5). Einsetzen in die Inverse bedeutet: Man wählt einen Wert auf der y-Achse aus und sucht den dazugehörigen Wert auf der x-Achse.

Abb. 3.5 Kumulierte Verteilungsfunktion der Standardnormalverteilung $\Phi(x) = prob(X \leq x)$ und Quantile

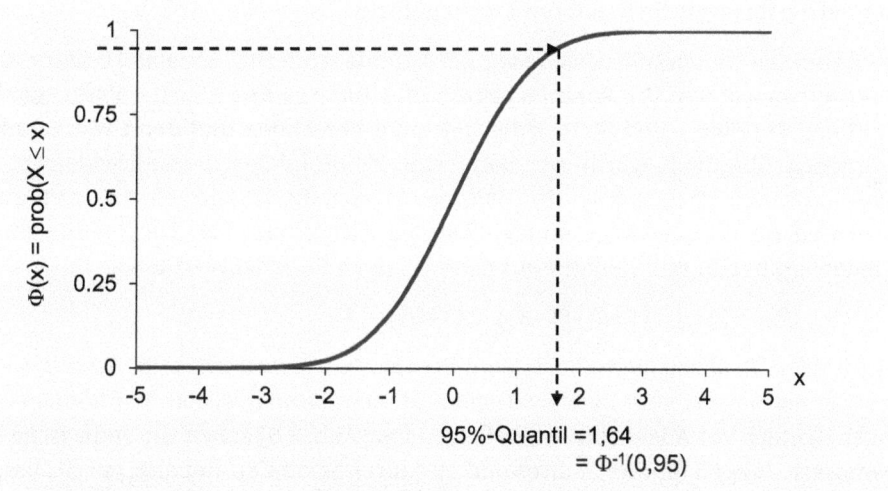

Wir verwenden hier die übliche Schreibweise

$\Phi(x)$ = Verteilungsfunktion der Standardnormalverteilung

$\Phi^{-1}(\alpha)$ = inverse Verteilungsfunktion der Standardnormalverteilung

Allgemein kann man ein zweiseitiges 1- α Konfidenzintervall für eine normalverteilte Größe folgendermaßen ermitteln:

1- α Konfidenzintervall = $\mu \pm \Phi^{-1}(1 - \alpha/2)\,\sigma$

Wenn wir etwa ein 90% Konfidenzintervall für die jährliche Rendite auf den S&P 500 ermitteln sollen, verwenden wir unseren arithmetischen Mittelwert und die Standardabweichung als Schätzer für μ und σ, setzen α =10% (da 1 - 10% = 90%) und erhalten:

90% Konfidenzintervall für 1-Jahres-Rendite auf den S&P 500

$$= \mu \pm \Phi^{-1}(1-\alpha/2) \times \text{Standardabweichung}$$

$$= 0{,}09 \pm 1{,}64 \times 0{,}197$$

$$= [-23{,}3\%;\ 41{,}3\%]$$

Wenn Sie in Abb. 3.3 einmal nachzählen, wie viele der S&P Renditen außerhalb dieses mit der Normalverteilung geschätzten Intervalls liegen, werden Sie sehen, dass das Intervall die tatsächliche Bandbreite recht gut trifft.

Wie könnten wir vorgehen, wenn wir ein Konfidenzintervall für eine 10-Jahres-Rendite bestimmen wollten? Wir könnten prinzipiell 10-Jahres-Renditen der Vergangenheit ermitteln, Mittelwert und Standardabweichung berechnen und dann wie gerade eben vorgehen. Allerdings würde sich dabei eine kleine Inkonsistenz einschleichen: Wenn wir annehmen, dass sowohl die 1-Jahres- als auch die 10-Jahres-Renditen normalverteilt sind, passt das nicht zusammen. Machen wir uns dies klar. Die Rendite über T Perioden ergibt sich multiplikativ aus den einzelnen Periodenrenditen R_t

$$R_{0,T} = (1+R_1)(1+R_2)(1+R_3) \dots (1+R_T) - 1$$

Auch wenn R_t normalverteilt ist, kann $R_{t,T}$ nicht normalverteilt sein. Denn das Produkt zweier normalverteilter Zufallsvariablen ist nicht normalverteilt. Wir können uns dies auch deutlich vor Augen halten. Im Folgenden (Abb. 3.6) sehen wir empirische Häufigkeitsverteilungen für die 1-Jahres und 10-Jahres Small-Cap-Rendite, jeweils verglichen mit der Normalverteilung:

Abb. 3.6 Empirische Verteilung von Renditen und Normalverteilung (1927-2021)

1-Jahres-Rendite Small Caps   10-Jahres-Rendite Small Caps

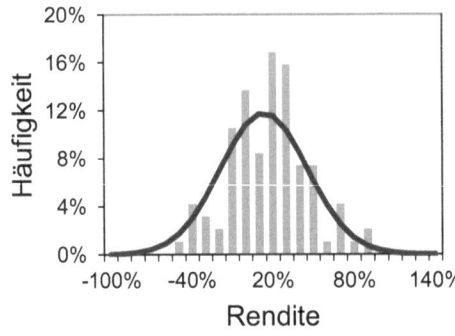 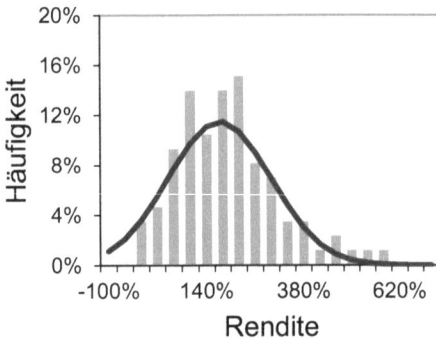

Bei den jährlichen Renditen passt die Normalverteilung nicht hundertprozentig, aber es gibt auch keine herausragenden, systematischen Probleme. Abweichungen zwischen der theoretischen Dichte und der Häufigkeit wechseln sich im Vorzeichen häufig ab. Bei der 10-Jahres-Verteilung passt die Normalverteilung nicht. Sie sagt insbesondere viel zu viele negative Renditen voraus; auch solche unter -100% bekommen recht hohe Wahrscheinlichkeiten zugewiesen. Das ist auch nicht weiter verwunderlich. Die Normalverteilung ist symmetrisch, d.h. es sind auch Renditen kleiner als -100% möglich. Renditen von Aktien oder Anleihen können aber nicht kleiner als -100% sein, da ja beschränkte Haftung gilt; mehr als sein investiertes Kapital kann ein Anleger nicht verlieren. Diese Diskrepanz wird umso stärker, je länger die Periode ist, über die man Renditen berechnet. Denn dann wird es wahrscheinlicher, dass man Renditen von +100% und mehr beobachtet. Will man die mit der Normalverteilung erklären, erhöht man wegen der Symmetrie auch die Wahrscheinlichkeit, Renditen kleiner als -100% zu beobachten.

Will man trotzdem mit der Normalverteilung für Renditen rechnen, bedient man sich eines kleinen Tricks, der in Finanzierungstheorie und Wertpapieranalyse sehr oft angewendet wird: Man schaut sich logarithmierte Renditen an: $r_t = \ln(1+R_t)$. Für die gilt nämlich folgender Zusammenhang zwischen einperiodigen und mehrperiodigen Renditen:

$$
\begin{aligned}
r_{0,T} \quad &= \ln(1+R_{0,T}) \\[6pt]
&= \ln\left((1+R_1)(1+R_2)(1+R_3)\ldots(1+R_T)\right) \\[6pt]
&= \ln(1+R_1) + \ln(1+R_2) + \ln(1+R_3) + \ldots + \ln(1+R_T) \\[6pt]
&= r_1 + r_2 + r_3 + \ldots + r_T
\end{aligned}
$$

Wenn jetzt Einperioden-Renditen r_t normalverteilt sind, wird es auch die Mehrperioden-Rendite sein. Und noch mehr: Selbst wenn die Einperioden-Renditen nicht normalverteilt sind, wird die Mehrperioden-Rendite (bei Gültigkeit des zentralen Grenzwertsatzes) doch zur Normalverteilung konvergieren.

Halten wir kurz übliche Bezeichnungen fest:

$Wert_t/Wert_{t-1} - 1$ diskrete Rendite, einfache Rendite, Dollar Rendite

$\ln[Wert_t/Wert_{t-1}]$ stetige, kontinuierliche, logarithmische Rendite

Die Begriffe „diskret" versus „stetig/kontinuierlich" leiten sich aus folgendem Zusammenhang ab: Wenn man sich vorstellt, dass man eine Rendite R nicht von einem Jahresende zum anderen erzielt, sondern stetig – also in jedem noch so kleinen Moment einen entsprechenden Bruchteil von R verdient –, kann man mit dem Logarithmus eine Beziehung zwischen beiden Zinsmodalitäten herstellen. Konkret: verdient man R/m über m Intervalle pro Jahr ergibt sich auf das ganze Jahr gesehen für $m \to \infty$ eine Verzinsung von $\lim [1 + R/m]^m = e^R$ und eben nicht $1+R$. Der Zinssatz, der dazu führt, dass man am Ende doch wieder $(1+R)$ verdient, ist $\ln(1+R)$.

Schauen wir uns jetzt noch die Verteilungsfunktionen der logarithmierten 1-Jahres- und 10-Jahres-Renditen an (Abb. 3.7). Da gibt es zwar hier und da Dellen und Ausbuchtungen im Vergleich zur Normalverteilung. An den Enden der Verteilung sehen wir aber keine großen systematischen Abweichungen mehr.

Abb. 3.7 Empirische Verteilung von <u>logarithmierten</u> Renditen und Normalverteilung (1927-2021)

1-Jahres-Rendite Small Caps   10-Jahres-Rendite Small Caps

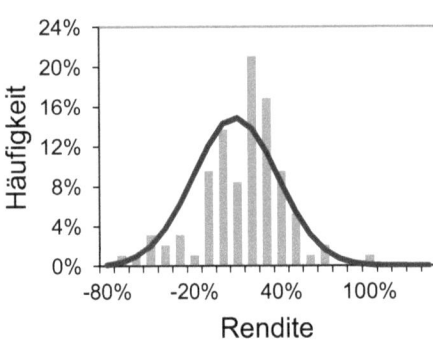
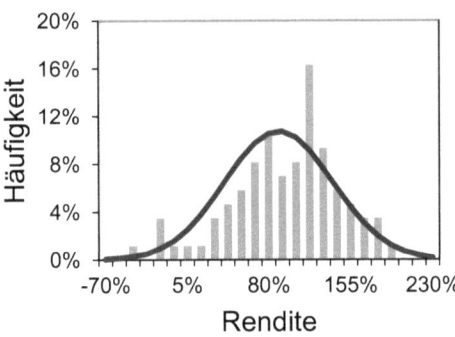

Man könnte nun auf der Basis logarithmierter Renditen ähnlich wie oben Konfidenzintervalle für beliebige Horizonte konstruieren. Aber das wollen wir uns hier nicht näher anschauen. Wir wollen lieber eine ganz andere Methode kennen lernen, die allgemeiner und im Grunde auch einfacher ist. Wie könnte man eine Aussage über mögliche Renditen treffen, ohne dass man eine Annahme über die Verteilung trifft? Man könnte annehmen, dass die Renditen so verteilt sind, wie sie es in der Vergangenheit waren. Die Methode, die auf dieser Idee basiert, heißt Bootstrap (englisch: Stiefelschlaufe). Der Name rührt daher, dass man sein Problem löst, indem man sich an den eigenen Stiefeln — also ohne Hilfe einer Verteilungsannahme — aus dem Sumpf zieht. Man zieht in dem Verfahren auch tatsächlich etwas, nämlich zufällig Renditen und zwar mit Zurücklegen. Dies macht man in einem Durchgang so oft, bis man daraus eine Rendite der Länge hat, die man untersuchen möchte. Mit vielen solcher Durchgänge bekommt man eine Verteilung der fraglichen Rendite, die man analysieren kann. Wollen wir beispielsweise ein Konfidenzintervall für die K-Jahres-Rendite auf Basis von T beobachteten jährlichen Renditen konstruieren, würden wir folgendermaßen vorgehen:

1. Ziehe K mal zufällig mit Zurücklegen eine diskrete jährliche Rendite $R_k{}^{Bootstrap}$ aus den historischen Renditen R_t.

2. Berechne das zugehörige K-Jahres-Szenario als $\prod_{k=1}^{K}(1 + R_k^{Bootstrap})$

3. Wiederhole 1. - 2. hinreichend oft

4. Analysiere die in 1.-3. ermittelten K-Jahres-Szenarios

Der Clou bei dem Verfahren ist folgender: Wenn wir nur $T=20$ Jahre Daten hätten, könnten wir trotzdem eine Verteilung über K=30 Jahre ermitteln. Unter anderem deshalb zieht man auch mit Zurücklegen – sonst käme man mit 20 Jahren gar nicht auf 30.

Wenden wir den Bootstrap an, um die Verteilung von 10-jährigen S&P Renditen zu schätzen, erhalten wir ein 95%-Konfidenzintervall, das von -43% bis +513% reicht. Auch bei einer Haltedauer von 10 Jahren kann man somit am Aktienmarkt einiges verlieren – man kann aber natürlich auch viel gewinnen.

Die Analysen, die wir gerade durchgeführt haben, zeigen, welche Renditevariation über eine bestimmte Haltedauer zu erwarten ist. Eine andere Frage ist, wie sicher wir sein können, was wir im Durchschnitt bekommen. Damit hatten wir uns ja schon oben beschäftigt. Wenn wir z.B. die historische arithmetische Durchschnittsrendite als Schätzer ansetzen, verfehlen wir vielleicht die erwartete Rendite für die Zukunft, weil sich Marktbedingungen geändert haben oder wir besser die geometrische Durchschnittsrendite hätten nehmen sollen. Es gibt aber noch einen weiteren, davon unabhängigen Grund, warum die historische Durchschnittsrendite nicht gleich der für die Zukunft zu erwarteten sein muss. Auch wenn die erwartete Rendite für Vergangenheit und Zukunft dieselbe ist und das arithmetische Mittel der beste Schätzer ist, ist es eben nur ein Schätzer, der zufällig zu hoch oder zu niedrig sein kann. Wenn die erwartete Rendite in der Vergangenheit zum Beispiel 10% pro Jahr betrug, gibt es keine Gewähr dafür, dass wir auch eine Durchschnittsrendite von 10% beobachtet haben. Wie groß diese Unsicherheit ist, kann man sich folgendermaßen klarmachen. Unter der Annahme, dass Renditen über die Zeit unabhängig und identisch verteilt sind, hat der arithmetische Mittelwert als Schätzer des Erwartungswertes den folgenden Standardfehler:[11]

Standardfehler (arithm. Mittel) = $(\ Var[R_t]\ /\ T\ )^{0,5}$

Damit kann man ein Konfidenzintervall konstruieren. Wir nehmen dazu an, dass unser Schätzer (das arithm. Mittel) normalverteilt ist; das kann asymptotisch (also für sehr

---

[11] Um auf dieses Ergebnis zu kommen, ermitteln Sie die Varianz von Formel (3.2) und wenden in den nächsten Schritten die getroffenen Annahmen an. Der Standardfehler misst, wie stark der Schätzer vom tatsächlichen Wert abweichen kann und wird als Standardabweichung des Schätzers ermittelt.

große *T*) auch dann gelten bzw. für einigermaßen große *T* eine ausreichend gute Beschreibung sein, wenn die einzelnen Renditen nicht normalverteilt sind oder man so wie üblich den Standardfehler nicht kennt, sondern schätzen muss. Wir erhalten:

$$1 - \alpha \text{ Konfidenzintervall} = \text{Schätzer} \pm \Phi^{-1}(1 - \alpha/2) \times \text{Standardfehler}$$

Für den Erwartungswert der jährlichen S&P Rendite erhalten wir damit ein 95% Konfidenzintervall von [5,04%; 12,96%], für die Small Cap Rendite eines von [6,90%; 19,90%]. Diese Beispiele zeigen, wie groß die Unsicherheit ist, wenn man aus der Vergangenheit etwas über die Zukunft lernen will. Wenn Ihnen jemand darlegt, dass in den letzten 50 Jahren am Aktienmarkt 10% zu verdienen waren und daher auch in Zukunft mit 10% zu rechnen ist, mag das zwar so sein – es könnte aber auch ganz anders sein.

3.3 Portfoliorendite und Risiko

Wenn wir unser Geld nicht nur in eine Anlageform stecken, sondern auf zwei oder mehr aufteilen, haben wir ein so genanntes Portfolio. Was können wir über Rendite und Risiko eines solchen Portfolios aussagen? Wenn wir in der Vergangenheit unser Geld zu Anfang jedes Jahres zu 50% in den S&P 500 und zu 50% in T-Bonds investiert hätten, hätten wir über die ganze Zeit eine durchschnittliche Portfoliorendite erzielt, die gerade gleich

$$\bar{R}_P = 0{,}5\,\bar{R}_{S\&P} + 0{,}5\,\bar{R}_{TBonds} \tag{3.4}$$

ist. Wir gewichten also die Durchschnittsrenditen von S&P und T-Bonds mit den Portfoliogewichten. Bei der Standardabweichung/Varianz ist es nicht ganz so einfach. In unserem Beispiel können wir die gesuchte Portfoliovarianz σ_P^2 unserer Portfoliorendite R_P schreiben als

$$\sigma_P^2 = \text{Var}(R_P) = \text{Var}(0{,}5\,R_{S\&P} + 0{,}5\,R_{TBonds}) \tag{3.5}$$

Hier muss man die Statistik-Grundkenntnisse aus dem Keller holen. Die Varianz der Summe zweier Zufallsvariablen *X* und *Y* ist:

$$\text{Var}(aX + bY) = a^2\,\text{Var}(X) + b^2\,\text{Var}(Y) + 2 \cdot a \cdot b \cdot \text{Cov}(X, Y) \tag{3.6}$$

wobei Cov(X,Y) die Kovarianz zwischen X und Y bezeichnet und *a* und *b* Konstanten sind. So wie wir für die Varianz kurz σ^2 schreiben, können wir für die Kovarianz von X und Y auch σ_{XY} schreiben. Wir können statt mit der Kovarianz auch mit dem Korrelationskoeffizienten arbeiten. Was war noch mal der Korrelationskoeffizient?

$$\rho_{XY} = \frac{\text{Cov}(X,Y)}{\sqrt{\text{Var}(X)\ \text{Var}(Y)}} \tag{3.7}$$

Er liegt zwischen -1 und 1. Bei -1 bzw. 1 spricht man von perfekter Korrelation; bei einer Korrelation von 0 sind die Variablen unkorreliert.

Für die Renditevarianz können wir mit (3.6) und (3.7) schreiben

$$\sigma_P^2 = \text{Var}(0{,}5\ R_{S\&P} + 0{,}5\ R_{TBonds})$$

$$= 0{,}25\sigma_{S\&P}^2 + 0{,}25\sigma_{TBonds}^2 + 2 \cdot 0{,}5 \cdot 0{,}5\ \sigma_{S\&P,TBonds} \tag{3.8}$$

$$= 0{,}25\sigma_{S\&P}^2 + 0{,}25\sigma_{TBonds}^2 + 2 \cdot 0{,}5 \cdot 0{,}5\ \rho_{S\&P,TBonds}\sigma_{S\&P}\sigma_{TBonds}$$

Wenn wir die Varianz dieses Portfolios berechnen wollen, brauchen wir somit zusätzlich zu unseren bisherigen Zahlen noch die Kovarianz oder die Korrelation. Diese zu ermitteln ist aber nicht weiter schwer. Mit den Renditedaten können wir die Kovarianz wie folgt schätzen:

$$\sigma_{S\&P,TBonds} = \frac{1}{T-1}\sum_{t=1}^{T}(R_{S\&P,.t} - \bar{R}_{S\&P})(R_{TBonds,.t} - \bar{R}_{TBonds}) \tag{3.9}$$

Die Korrelation können wir mit Hilfe der Kovarianz und der bereits ermittelten Standardabweichungen berechnen.

Abb. 3.8 visualisiert die Korrelation anhand von Wertepaaren, die in den einzelnen Jahren für S&P-Renditen und T-Bond-Renditen sowie zwischen S&P- und Small-Cap-Renditen beobachtet wurden. An einem solchen Streudiagramm kann man gut sehen, ob und wie zwei Beobachtungsreihen korreliert sind.

Abb. 3.8 Streudiagramme von Renditen (1927-2021)

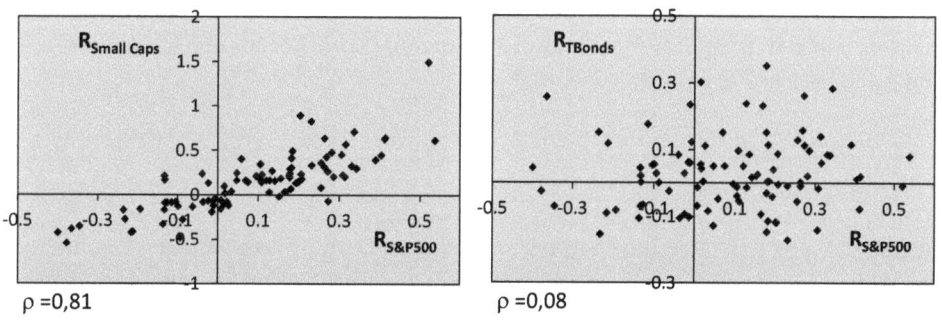

Die Korrelation zwischen Small-Caps und S&P ist relativ hoch; die Punkte liegen relativ eng um eine gedankliche Gerade, die man in die Punktwolke legen könnte (lägen alle Punkte auf einer Geraden, wäre die Korrelation perfekt). Die Korrelation ist positiv, denn die Small-Cap Rendite ist tendenziell auch hoch, wenn die S&P Rendite hoch ist. Bei T-Bonds und S&P ist auf den ersten Blick recht wenig zu erkennen. Die Korrelation ist nur schwach positiv (0,08).

Aber kommen wir zurück zu unserem Portfolio aus S&P und T-Bonds und ermitteln nun dessen Varianz:

	Rendite	Standardabw.	Varianz
S&P 500	9,0%	19,7%	3,9%
Long T Bonds	3,0%	10,9%	1,2%
0,5 S&P + 0,5 T Bonds	6,0%	11,6%	1,4%

Eine Sache ist hier bemerkenswert: Wir mischen S&P und T-Bonds 50/50, aber die Portfoliovarianz ist kleiner als der Durchschnitt der beiden Einzelvarianzen. Wo ist die fehlende Varianz hingekommen? Sie wurde durch die sogenannte Diversifikation „vernichtet", also durch die Verteilung des Vermögens auf verschiedene Anlagen. Dies kann man sich so vorstellen: eine Anlage steigt in einem Jahr etwas stärker als sonst, dafür steigt die andere vielleicht zufällig weniger stark als sonst. Im Effekt kommt man pro Jahr näher an den Erwartungswert, und die Varianz wird kleiner. Je weniger zwei Anlagen korreliert sind, desto eher wird man Situationen wie die eben beschriebene beobachten.

Dieser Diversifikationseffekt wird in Kapitel 4 noch eine große Rolle spielen. Hier wollen wir ihn nicht mit seinen Konsequenzen diskutieren, sondern nur noch aufzeigen, was mit dem Risiko passiert, wenn man nicht zwei Anlagen mischt, sondern viele. Dazu brauchen wir erst einmal eine Formel für die Varianz eines Portfolios aus vielen – allgemein aus N – Anlagen. Wir führen dazu die Varianz-Kovarianz-Matrix Σ ein. Sie versammelt alle Rendite-Varianzen und Rendite-Kovarianzen der Anlagen, die wir betrachten. Auf der Diagonale stehen die Varianzen, drum herum die Kovarianzen. Für zwei Anlagen 1 und 2 sähe das wie folgt aus:

$$\Sigma = \begin{bmatrix} \sigma_1^2 & \sigma_{12} \\ \sigma_{21} & \sigma_2^2 \end{bmatrix} \tag{3.10}$$

Warum hilft uns das? Versammeln wir erst einmal noch unsere Anlagegewichte in einem Vektor: $a = [a_1 \ a_2]$. a_1 ist hier der Anteil unseres Portfolios, den wir in Anlage 1 investieren. So wie oben in (3.8) ergibt sich die Portfoliovarianz als

$$\sigma_P^2 = a_1^2 \sigma_1^2 + a_2^2 \sigma_2^2 + +2a_1 a_2 \sigma_{12} \tag{3.11}$$

Etwas kompakter könnten wir nun auch schreiben

$$\sigma_P^2 = a\Sigma a' \tag{3.12}$$

wobei a' für „a transponiert" steht. Schreiben Sie $a\Sigma a'$ für den Fall mit zwei Anlagen einfach mal aus um nachzuvollziehen, dass es auch stimmt.

Wenn wir in unserem Portfolio nicht nur zwei Anlagen, sondern N haben, können wir genauso die Formel (3.12) verwenden. Nur ist eben unser Gewichtevektor a etwas größer, genauso wie die Varianz-Kovarianz-Matrix. Aber schreiben wir es noch einmal auf: Die Portfoliovarianz bei Anlagegewichten $a = [a_1 \ a_2 \ ... a_N]$ und Varianz-Kovarianz-matrix

$$\Sigma = \begin{bmatrix} \sigma_1^2 & \sigma_{12} & \cdot & \sigma_{1N} \\ \sigma_{21} & \sigma_2^2 & \cdot & \cdot \\ \cdot & \cdot & \cdot & \cdot \\ \sigma_{N1} & \cdot & \cdot & \sigma_N^2 \end{bmatrix} \tag{3.13}$$

ist $\sigma_P^2 = a\Sigma a'$, genauso kurz und einfach wie bei $N=2$.

Für diejenigen, die Vektoren und Matrizen nicht mögen, hier eine alternative Darstellung der Portfoliovarianz:

$$\sigma_P^2 = \sum_{j=1}^{N} \sum_{k=1}^{N} a_j a_k \sigma_{jk} \tag{3.14}$$

Nicht gerade übersichtlicher. Aber ganz hilfreich, wenn wir folgende Frage beantworten wollen: Wo marschiert unsere Portfoliovarianz hin, wenn wir immer mehr Anlagen N in das Portfolio aufnehmen? Nehmen wir dazu an, dass wir jede Anlage gleich gewichten – also mit $1/N$ – und dass alle Anlagen die gleiche Varianz *Varianz* und die gleiche Kovarianz *Kovarianz* aufweisen. Wir erhalten dann:

$$\sigma_P^2 = \sum_{j=1}^{N} \sum_{k=1}^{N} a_j a_k \sigma_{jk} = \frac{1}{N^2} \sum_{j=1}^{N} \sum_{k=1}^{N} \sigma_{jk} \tag{3.15}$$

$$= N \frac{1}{N^2} Varianz + (N^2 - N) \frac{1}{N^2} Kovarianz$$

$$= \frac{1}{N} Varianz - \frac{1}{N} Kovarianz + Kovarianz$$

Betrachten wir zwei interessante Fälle:

☐ Wenn die Kovarianz gleich null ist, geht die Portfoliovarianz mit steigendem N gegen null – wir können das Risiko komplett eliminieren

☐ Wenn die Kovarianz größer null ist, was üblich ist, geht die Portfoliovarianz mit steigendem N gegen die Kovarianz der einzelnen Anlagen.

Die folgende Abbildung (Abb. 3.9) illustriert das typische Bild, wenn man Aktien miteinander kombiniert und immer mehr Aktien dazu nimmt:

Abb. 3.9 Illustration der Diversifikation: Risikovernichtung durch Verteilung des Vermögens auf mehrere Anlagen

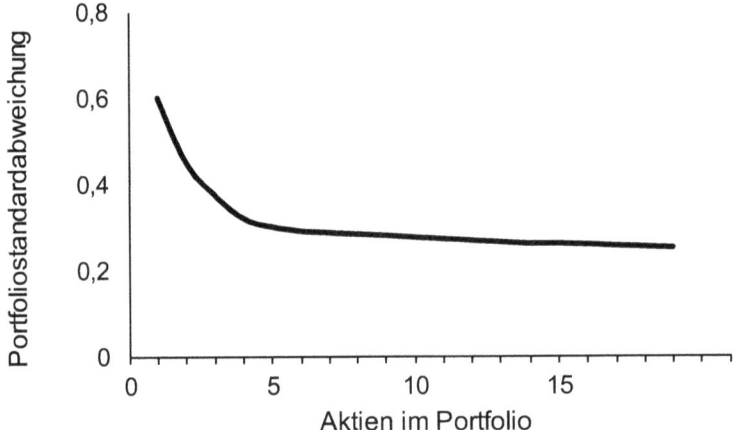

Einzelne Aktien können eine Standardabweichung von 50% und mehr haben. Portfolios mit vielen Aktien haben eine von etwa 20% (vgl. den S&P 500 mit seinen 500 Aktien). Wenn man 15 oder mehr Aktien gleich mischt, kommt man oft schon ziemlich nahe heran. Allerdings ist hierbei unterstellt, dass man zufällig Aktien auswählt. Wählt man 15 Technologie-Aktien aus – die alle vergleichsweise hoch miteinander korreliert sein werden – wird der Diversifikationseffekt weniger ausgeprägt sein.

Marktmodell, Betas, systematisches und unsystematisches Risiko

Portfoliovarianzen mit der Varianz-Kovarianz-Matrix ausrechnen ist elegant, aber es gibt in der Praxis oft ein Problem damit. Wenn man im Portfolio viele Aktien hat, ist die Varianz-Kovarianz-Matrix sehr groß. Bei N Anlagen hat sie $(N^2+N)/2$ verschiedene Einträge.[12]

Bei 500 Aktien sind das 125.500; schätzt man diese zum Beispiel mit je 50 Jahresrenditen pro Aktie hat man insgesamt 25.000 Beobachtungen. Man muss nicht viel von Statistik verstehen, um zu ahnen, dass das Schätzen immer dann problematisch ist, wenn man aus wenig Information (25.000 Beobachtungen im Beispiel) viel herausholen muss (125.500 Parameter). Man bekommt dann schnell sehr ungenaue oder gar unsinnige Ergebnisse.

In solchen Situationen hilft es oft, die Anzahl der zu schätzenden Parameter zu reduzieren. Ein bei Aktien häufig begangener Weg ist der folgende: Man nimmt an, dass Aktienrenditen R_{it} sich wie folgt darstellen lassen:

$$R_{it} = \alpha_i + \beta_i R_{Mt} + u_{it} \tag{3.16}$$

R_{Mt} ist die Rendite eines Marktindex, womit allgemeine Komponenten eingefangen werden, die alle Aktien betreffen (z.B. Änderungen der gesamtwirtschaftlichen Lage, des Ölpreises, des Zinsniveaus...). Das u_{it} ist eine zufällige unternehmensspezifische Komponente; man kann sich vorstellen, dass die Rendite einer Aktie mal höher mal niedriger ist, weil das Unternehmen ein tolles Produkt auf den Markt bringt, einen Bilanzskandal zu verkraften hat, eine hervorragende Managerin einstellt oder einen schlechten Manager feuert.

Das Beta gibt an, wie sensitiv eine Aktie auf den Markt reagiert. Bei einem Beta größer (kleiner) eins reagiert der Aktienkurs über(unter)proportional auf Veränderungen des Marktindex. Das Alpha schließlich steht hier nicht im Zentrum des Interesses; es zeigt, ob eine Aktie grundsätzlich eine höhere oder niedrigere Rendite als der Markt erzielt. Wie kann man Alpha, Beta und die Varianz von u schätzen? Über eine lineare Regression. Wir nehmen Daten von $t=1$ bis $t=T$ und bestimmen Alpha und Beta so, dass wir damit die quadratischen Abweichungen zwischen unseren Beobachtungen (R_{it}) und dem, was die Gleichung sagt, in der Summe minimieren.[13] Daher spricht man auch von einem Kleinste-Quadrate-Schätzer. Am besten macht man sich dies an einem Bild klar

---

[12] Die Matrix hat N^2 Einträge, wovon N Varianzen sind, die wir alle schätzen müssen. Von den restlichen (N^2-N) Kovarianzen müssen wir nur die Hälfte schätzen, da die Matrix symmetrisch ist. Macht zusammen $N+(N^2-N)/2=(N^2+N)/2$.

[13] Also $\min\limits_{\alpha,\beta} \sum\limits_{t=1}^{T} (R_{it} - (\alpha_i + \beta_i R_{M,t}))^2$.

(vgl. Abb. 3.10). Wir zeichnen ein Streudiagramm und legen eine Gerade so durch, dass die Punkte im Durchschnitt möglichst nah bei der Geraden liegen. Die Steigung der Geraden ist das Beta, der Achsenabschnitt das Alpha.

Abb. 3.10 Aktienrenditen als lineare Funktion der Marktrendite

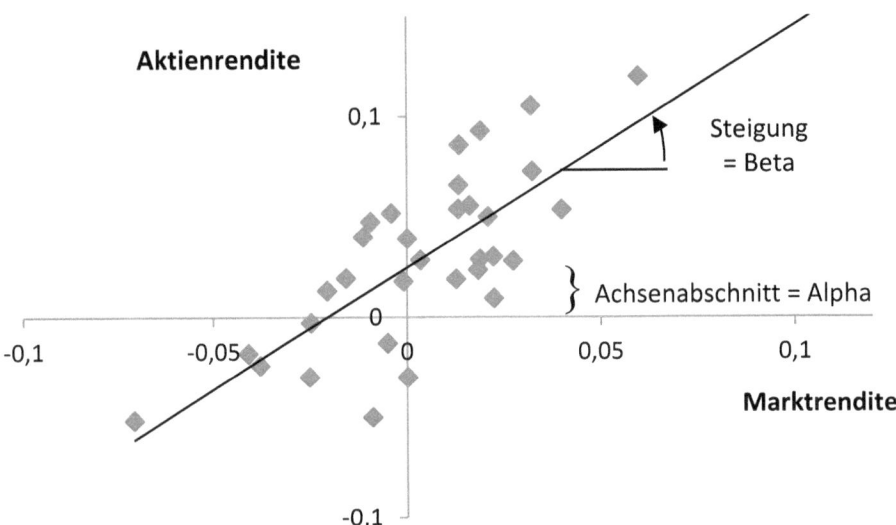

Aber wie hilft uns das Beta weiter bei dem Problem, die Varianz-Kovarianz-Matrix zu bestimmen? Zunächst mal gilt, dass unser u aus der Gleichung unkorreliert mit der Marktrendite sein wird ($\text{Cov}(R_{mt}, u_{it}) = 0$); das passt zu unserer Bezeichnung unternehmensspezifisches Risiko und ergibt sich bei der Regression sowieso (man könnte durch eine Verschiebung die Gerade näher an die Punkte heranbringen, wenn es anders wäre). Dann treffen wir noch folgende Annahme

$$\text{Cov}(u_{it}, u_{jt}) = 0, \quad \text{für alle } i, j, \ i \neq j$$

d.h., unternehmensspezifische Schocks sind über alle Aktien hinweg unkorreliert. Das ist eine Annahme, die so nicht immer gültig ist (wenn etwa ein Autobauer Kostensenkungsprogramme durchsetzt, steigen oft auch die Kurse der anderen Autohersteller, weil man sich dort dann ähnliches verspricht). Aber irgendwo muss man eben eine vereinfachende Annahme treffen, um unser Ausgangsproblem – zu viele zu bestimmende Größen – in den Griff zu bekommen. Denn jetzt sind wir schon am Ziel. Wenn wir die Kovarianz zweier Aktien bestimmen wollen, brauchen wir dazu nur deren Betas und die Varianz des Marktes:

$$\begin{aligned}
\text{Cov}(R_i, R_j) &= \text{Cov}(\alpha_i + \beta_i R_M + u_i, \ \alpha_j + \beta_j R_M + u_j) \\
&= \text{Cov}(\beta_i R_M, \ \beta_j R_M) \\
&= \beta_i \beta_j \, \text{Cov}(R_M, \ R_M) \\
&= \beta_i \beta_j \, \text{Var}(R_M)
\end{aligned}$$

(3.17)

Beim Schritt von der ersten zur zweiten Zeile verwenden wir die Annahmen Cov(R_{Mt}, u_{it})=0 und Cov(u_{it}, u_{jt})=0 sowie die Tatsache, dass die Alphas Konstanten sind, die nicht kovariieren. Wir haben somit die Anzahl der notwendigen Parameter reduziert: Eine Varianz und ein Beta für jede Anlage sowie die Varianz der Marktrendite reichen, um die Varianzen und Kovarianzen einer Gruppe von Anlagen komplett zu spezifizieren.

Die Gleichung (3.16) wird oft Marktmodell genannt. Wir können übrigens das Beta auch ohne Regression allein mit Größen bestimmen, die wir schon vorher kennengelernt haben. Denn es gilt bei einer linearen Regression mit einer erklärenden Variable (hier R_M):

$$\beta_i = \frac{\text{Cov}(R_i, R_M)}{\text{Var}(R_M)}$$

(3.18)

Also: Beta ist Kovarianz mit dem Markt durch Varianz der Marktrendite.

Mit dieser Gleichung sehen wir gut zwei wichtige Eigenschaften des Betas:

- ☐ Das Beta des Marktes relativ zum Markt ist eins.

- ☐ Das Beta eines Portfolios ist gleich dem gewogenen Durchschnitt der Betas der Portfoliobestandteile. Machen wir uns dies für ein Portfolio aus zwei Anlagen mit Gewichten a_1 und a_2 klar:

$$\beta_P = \frac{\text{Cov}(a_1 R_1 + a_2 R_2, R_M)}{\text{Var}(R_M)} = \frac{\text{Cov}(a_1 R_1, R_M) + \text{Cov}(a_2 R_2, R_M)}{\text{Var}(R_M)}$$

$$= \frac{a_1 \text{Cov}(R_1, R_M)}{\text{Var}(R_M)} + \frac{a_2 \text{Cov}(R_2, R_M)}{\text{Var}(R_M)} = a_1 \beta_1 + a_2 \beta_2$$

Im Marktmodell ergibt sich auch eine nützliche Aufteilung des Risikos in zwei Komponenten. Wir betrachten dazu die Varianz einer Aktienrendite und setzen für letztere unser Marktmodell ein:

$$\text{Var}(R_i) = \text{Var}(\alpha_i + \beta_i R_M + u_i)$$
$$= \text{Var}(\beta_i R_M) + \text{Var}(u_i)$$
$$= \beta_i^2 \text{Var}(R_M) + \text{Var}(u_i)$$
$$= \text{systematisches Risiko} \ + \text{unsystematisches Risiko}$$

Der Begriff systematisches Risiko kommt daher, dass es auf die Schwankungen des Marktindex zurückgeht, der ja das ganze Wirtschaftssystem repräsentiert. Manche meinen auch nur das Beta, wenn sie von systematischem Risiko reden. Statt unsystematisches Risiko sagt man auch idiosynkratisches Risiko oder unternehmensspezifisches Risiko.

Systematisches Risiko ist nicht diversifizierbar – denn es kommt vom Markt her, und der ist immer da, wie viele Aktien man auch im Portfolio hat. Die Höhe des systematischen Risikos in einem Portfolio kann man zwar steuern, indem man gezielt Aktien mit niedrigem oder hohem Beta kauft; aber das systematische Risiko, das man sich dadurch einkauft, wird im Portfolio durch die Aufteilung auf viele Aktien nicht weniger. Die meisten Unternehmen können sich dem allgemeinen Marktgeschehen nicht entziehen haben ein Beta > 0, weswegen man in typischen Aktienportfolios immer systematisches Risiko haben wird.[14] Unsystematisches Risiko dagegen kann durch Verteilung des Vermögens auf viele Aktien reduziert werden. In einer Grafik von oben (Abb. 3.9), kann man die beiden Risikokomponenten eines Portfolios wie folgt einzeichnen (Abb. 3.11):

Abb. 3.11 Diversifikation, systematisches und unsystematisches Risiko

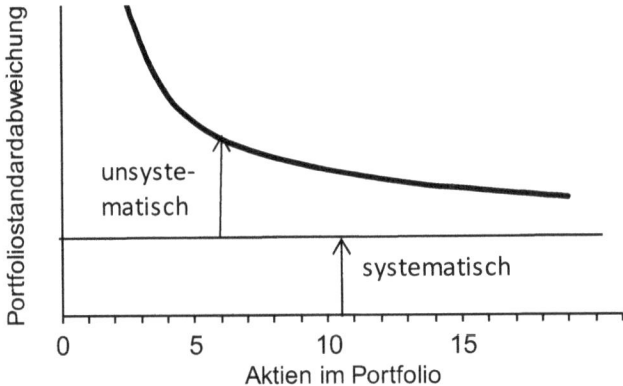

---

[14] Ein Beispiel für eine Aktie mit Beta nahe null ist die der Nebelhornbahn AG. Deren Geschäft ist stark vom Wetter abhängig; und Menschen gehen offenbar auch in schlechten Zeiten viel Skifahren und Wandern.

3.4 Schätzen von Risikoparametern

Unterschiedliche Renditefrequenzen

Wir hatten bislang meist mit jährlichen Renditen gerechnet und dann immer alle Beobachtungen verwendet, die uns zur Verfügung standen. Das war deshalb sinnvoll, weil wir etwas über das durchschnittliche Risiko auf dem Kapitalmarkt erfahren wollten. In der Praxis möchte man aber auch oft wissen, wie riskant eine Aktie oder ein Index auf Sicht der nächsten Wochen oder Monate ist; und Risiken von Anlagen sind nicht notwendigerweise konstant. An Börsen gibt es turbulente und weniger turbulente Zeiten.

Klare, theoretisch begründbare Regeln dafür, wie man Risikoparameter (Standardabweichung oder Betas) für einen bestimmten Verwendungszweck bestimmen sollte, gibt es nicht. Aber es haben sich in der Praxis einige Konventionen eingebürgert, und es ist sinnvoll, sie zu kennen:

- ☐ In der Regel zieht man für die Berechnung 20 oder mehr Beobachtungen heran. Nähme man weniger, wären die Schätzwerte zu ungenau.

- ☐ Oft geht man so weit in die Vergangenheit zurück, wie man bei der Risikoprognose in die Zukunft blickt.

- ☐ Gängige Datengrundlagen sind: 30 Tage mit täglichen Renditen, 250 Tage mit täglichen Renditen, 52 Wochen mit Wochenrenditen, 60 Monate mit Monatsrenditen.

- ☐ Standardabweichungen werden per annum angeben, auch wenn man sie z.B. mit Tagesrenditen ermittelt hat. Man spricht dann meist von der Volatilität, und meint damit die auf das Jahr bezogene Standardabweichung der Renditen.

Aber wie rechnet man Standardabweichungen um? Stellen wir uns vor, wir teilen das Jahr in T Perioden auf. Die Jahresrendite R ergibt sich dann:

$$R_{0,T} = (1+R_1) \cdot (1+R_2) \cdot (1+R_3) \cdot .... \cdot (1+R_T) - 1 \tag{3.19}$$

Mit logarithmischen Renditen gilt $(\ln(1+R_t) = r_t)$

$$r_{0,T} = r_1 + r_2 + r_3 + ... + r_T \tag{3.20}$$

Für die Varianz von $r_{0,T}$ gilt, sofern die einzelnen Renditen alle dieselbe Varianz haben und auch unabhängig sind (dann sind alle Kovarianz-Terme null)

$$\text{Var}\,(r_{0,T}) = \text{Var}(r_1) + \text{Var}(r_2) + \text{Var}(r_3) + ... + \text{Var}(r_T)$$

$$= T \cdot \text{Var}(r_t) \tag{3.21}$$

=> Standardabweichung über T-Perioden = $\sqrt{T} \cdot$ St.abweichung (1 Periode)

Dieser Zusammenhang ist als Wurzel-T-Regel bekannt. Wenn wir z.B. mit Tagesrenditen eine Standardabweichung ermittelt haben, multiplizieren wir diese mit $\sqrt{250}$, um zu einer p.a. Volatilität zu gelangen (das Kalenderjahr hat etwa 250 Börsentage).[15]

Das T unter der Wurzel ist wie in der Herleitung angenommen die Anzahl der Teilperioden, die zusammen ein Jahr ergeben. 12 Monate ergeben ein Jahr, genauso 52 Wochen, oder eben 250 Börsentage. Ein häufiger Fehler ist, dass man das T aus der Wurzel-T-Regel mit der Beobachtungszahl verwechselt. Wenn Sie also eine Standardabweichung mit 30 täglichen Renditen geschätzt haben, dürfen Sie sie nicht mit Wurzel 30 annualisieren, sondern wie oben beschrieben mit Wurzel 250.

Risiken von Anleihen – Duration

Wenn man das Risiko einzelner Anleihen bestimmen will, geht man anders vor als bei Aktien oder Indizes. Denn die Analyse historischer Renditen wäre hier mit folgendem Problem verbunden: Das Risiko einer Anleihe ändert sich auf systematische Weise mit der Restlaufzeit. Je höher die Restlaufzeit einer Anlage, desto stärker schwankt der Wert einer Anleihe. Schauen wir uns dazu an, wie sich der Wert einer Anleihe ergibt. Wir ermitteln den heutigen Wert P als Barwert, diskontieren also die mit der Anleihe verbundenen Zahlungen C (Kupons und Rückzahlungen):

$$P = \frac{C_1}{1+r} + \frac{C_2}{(1+r)^2} + \frac{C_3}{(1+r)^3} + \cdots + \frac{C_T}{(1+r)^T} \tag{3.22}$$

Dabei haben wir hier zur Vereinfachung angenommen, dass die Zinsen konstant bei r liegen. Hier sehen wir beispielhaft, wie sich der Anleihewert verändert, wenn sich die Zinsen ändern:

	Wert einer Anleihe mit Nennwert 100 und Kupon 4	
	3 Jahre Laufzeit	10 Jahre Laufzeit
r=4%	100	100
r=5%	97,28	92,28
r=3%	102,83	108,53

Wenn die Zinsen steigen (z.B. von 4% auf 5%) fallen die Anleihekurse und umgekehrt; die Kurse fallen umso stärker, je länger die Laufzeit der Anleihe ist. Das ist bei einem Blick auf Formel (3.22) nicht weiter verwunderlich. Zinsen werden darin mit der Laufzeit potenziert, was auch die Effekte von Zinsänderungen potenziert.

---

[15] Da die Anzahl der Börsentage von Jahr zu Jahr und von Land zu Land unterschiedlich ist, finden Sie auch andere Standardwerte für die Anzahl der Börsentage, z.B. 252 oder 260.

Es gibt einen recht einfachen Weg, um diese Laufzeiteffekte bei der Frage, wie sich Zinsänderungen auf den Anleihewert auswirken, mit einer Kennzahl zu berücksichtigen. Dazu betrachtet man die gewogene durchschnittliche Laufzeit, die Duration D genannt wird:

$$D = 1\frac{\frac{C_1}{1+r}}{P} + 2\frac{\frac{C_2}{(1+r)^2}}{P} + 3\frac{\frac{C_3}{(1+r)^3}}{P} + \cdots + T\frac{\frac{C_T}{(1+r)^T}}{P} \qquad (3.23)$$

Die Laufzeiten sind die Faktoren, die am Anfang der Summanden stehen (1,2,3,.., T). Wir gewichten mit dem Anteil, den der Barwert einer Zahlung ($C_t/(1+r)^t$) an dem Barwert der gesamten Zahlungsreihe hat. Was uns dies bei der Bestimmung von Risiko hilft, sehen wir, wenn wir uns anschauen, wie eine Anleihe auf Zinsänderungen reagiert. Wir leiten dazu den Anleihewert (3.22) nach dem Zins ab:

$$\frac{dP}{dr} = -\frac{C_1}{(1+r)^2} - 2\frac{C_2}{(1+r)^3} - 3\frac{C_3}{(1+r)^4} - \cdots - T\frac{C_T}{(1+r)^{T+1}} \qquad (3.24)$$

Die zwei Gleichungen sind sich recht ähnlich. Die Vorfaktoren sind vom Betrag her identisch (1,2,...,T). Was sich unterscheidet, sind die Vorzeichen, die Exponenten bei (1+r), die sich jeweils um 1 unterscheiden, und das P. Wir können (3.24) mit der Duration daher auch so schreiben:

$$\frac{dP}{dr} = -\frac{D}{(1+r)}P \qquad (3.25)$$

Mit der Ableitung können wir approximativ bestimmen, wie sich der Wert ändert, wenn sich der Zins um Δr ändert:

$$\Delta P = -\frac{D}{(1+r)}P\Delta r \qquad (3.26)$$

Approximativ deshalb, weil wir statt marginaler Änderungen dr, für die der Zusammenhang exakt ist, nun größere Änderungen Δr betrachten. Probieren wir es einmal an der dreijährigen Anleihe von oben aus. Bei einem Zinssatz von 4% und Kupon 4 hat sie eine Duration von:

$$D = 1\frac{\frac{4}{1,04}}{100} + 2\frac{\frac{4}{1,04^2}}{100} + 3\frac{\frac{104}{1,04^3}}{100} = 2,886$$

Die Duration ist kleiner als die Laufzeit, da ja einige Zahlungen schon vor Laufzeitende im Jahr drei anfallen und die gewogene durchschnittliche Laufzeit daher unter drei drücken. Was würde Formel (3.26) sagen, wenn sich der Zinssatz auf 5% erhöht?

$$\Delta P = -\frac{2,886}{1,04} 100 \cdot 0,01 = -2,78$$

Damit haben wir die Wertveränderung, die wir oben in der Tabelle gesehen hatten (-2,72 von 100 auf 97,28) ziemlich gut getroffen; der Approximationsfehler ist also relativ klein. Man kann sich dies auch an folgender Grafik (Abb. 3.12) deutlich machen: Die Anwendung von (3.26) ist eine lineare Approximation der tatsächlichen Wertfunktion, die nicht-linear im Zins ist. Wenn die betrachteten Zinsänderungen klein sind, wird die Approximation ziemlich gut sein.

Abb. 3.12 Lineare Approximation der Wertänderung einer Anleihe

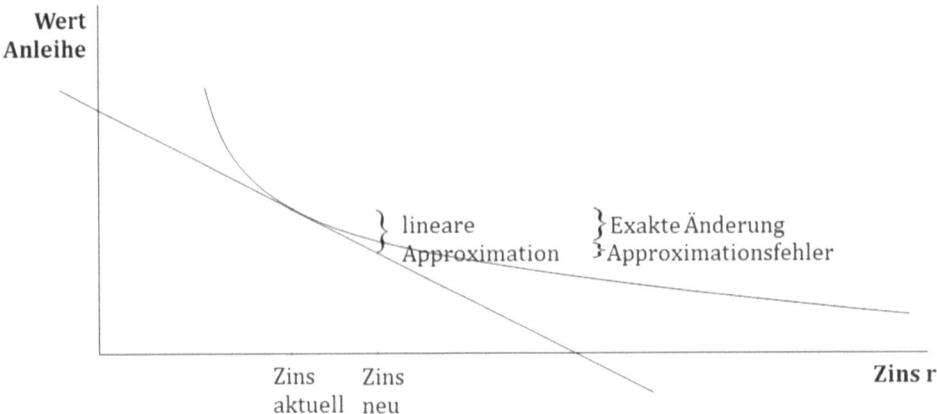

Wir hatten mit der Frage begonnen, wie man die Volatilität von Anleihen bestimmen kann, und sind dem Problem begegnet, dass sie systematischen Änderungen unterliegt. Wenn wir aber die Volatilität von Anleihen an die Volatilität von Zinsen koppeln können, sind wir einen erheblichen Schritt weiter, denn die Zinsen sind Marktzinsen für bestimmte Restlaufzeiten, nicht die einer bestimmten Anleihe. Um den Zusammenhang zwischen Anleihe- und Zinsvolatilität zu sehen, bringen wir in Formel (3.26) *P* von der rechten auf die linke Seite, und nehmen auf beiden Seiten die Standardabweichung:

$$\sigma\left(\frac{\Delta P}{P}\right) = \sqrt{\text{Var}\left[-\frac{D}{(1+r)}\Delta r\right]} = \frac{D}{1+r}\sigma(\Delta r) \tag{3.27}$$

Denn D und $(1+r)$ sind Konstanten, die man aus der Varianzformel herausziehen kann. Die Volatilität der prozentualen Wertänderung einer Anleihe ist somit gleich der Volatilität der Zinsen multipliziert mit $D/(1+r)$. Um die Volatilität einer Anleihe zu schätzen, kann man daher die Volatilität von Zinsen schätzen, die Duration der Anleihe bestimmen und dann Formel (3.27) anwenden.

Bislang haben wir immer angenommen, dass die Zinsen über alle Laufzeiten konstant sind. Diese Annahme kann man auch nicht ohne weiteres aufgeben – man würde das allgemeine Resultat (3.25) nicht mehr ableiten können. Aber auch wenn diese Annahme nicht gegeben ist, kann die Duration eine gute Approximation der Wertänderungen liefern.

Die Duration hat übrigens eine nützliche Eigenschaft mit den Betas gemein. Die Duration eines Portfolios ist gleich der gewogenen Duration der Portfoliobestandteile. Dies kann man z.B. verwenden, um auf Basis der Duration der Portfoliobestandteile schnell die Zinssensitivität eines ganzen Portfolios zu bestimmen.

3.5 Entscheidungstheorie: Konzepte für rationales Entscheiden

Wenn man sich Renditechancen und Risiken des Kapitalmarktes vor Augen gehalten hat, ist man als Anleger besser gerüstet, um seine Anlageentscheidungen zu treffen. Aber wie soll man dabei konkret vorgehen? Wie wägt man Rendite gegen Risiko ab? Wir wollen hier eine grundsätzliche Vorgehensweise vorstellen. Diese ist nicht nur auf Anlageentscheidungen anwendbar, sondern auf alle Situationen, die mit Unsicherheit verbunden sind. Das kann im Privatleben so etwas Gewichtiges sein wie die Berufswahl, aber auch wiederkehrende Fragen wie die, wie genau man für eine Prüfung lernen oder wohin man in Urlaub fahren soll. Unternehmen mögen sich die Frage stellen, welche Investitionsprojekte sie durchführen sollen, wie sie sie finanzieren sollen, oder wie viel sie für Beratungsaufträge ausgeben sollen. In allen Fällen hat man Alternativen, weiß aber nicht gleich, wie man sich entscheiden soll. Denn welche Vorteile man mit den einzelnen Alternativen erzielt, hängt von Gegebenheiten ab, die man heute nicht genau kennt: bei der Berufswahl z.B. weiß man nicht, wie sich der Arbeitsmarkt in diesem Bereich entwickelt oder wie gut man selbst für diesen Beruf geeignet ist. Bei einem Beratungsauftrag weiß ein Unternehmen nicht genau, wie gut die Berater sind, die es anheuert, oder welches Verbesserungspotential im Unternehmen überhaupt besteht.

Ursprünge der Entscheidungstheorie

Entscheidungssituationen, die ziemlich klar umrissen sind, sind Glücksspiele. In der Tat hat die Entscheidungstheorie in der Analyse solcher Spiele ihren Ursprung. Damals – im 18. Jahrhundert – dachten viele, es sei sinnvoll, genau so viel für die Teilnahme an einem Spiel zu zahlen, wie man im Erwartungswert gewinnen kann. Bekommt ein Spieler bei einem Münzwurf 1 Geldeinheit bei Kopf, nichts bei Zahl, erschien es sinnvoll, 0,5 Geldeinheiten für die Teilnahme an diesem Spiel zu bezahlen.

Aber dann dachte sich jemand ein Spiel aus, bei dem sich Menschen offensichtlich nicht an diese Regel hielten. Dieses Spiel, das so genannte St. Petersburger Spiel, funktioniert wie folgt:

> Eine Münze wird solange geworfen, bis zum ersten Mal „Kopf" erscheint. Geschieht das beim s-ten Wurf, erhält der Spieler 2^s ausbezahlt.

Wie viel würden Sie dafür zahlen, an dem Spiel teilnehmen zu dürfen? Die Gewinnchancen sind sehr groß. Wenn Sie etwa mit Euro spielen, bekommen Sie $2^3=8$ Euro, wenn zweimal Zahl und dann Kopf kommt; Sie bekommen 1024 Euro, wenn neun Mal hintereinander Zahl und dann Kopf kommt. Der Erwartungswert ist auch groß, sehr sehr groß sogar. Die Wahrscheinlichkeit, dass Sie genau 2^s bekommen, ist 2^{-s}. Damit ergibt sich als Erwartungswert:

$$\mathrm{E}[Gewinn] = \sum_{s=1}^{\infty} Gewinn(s) \cdot Wahrscheinlichkeit(s)$$

$$= \sum_{s=1}^{\infty} 2^s \cdot 2^{-s} = 1 + 1 + 1 + \cdots$$

$$= \infty$$

Wir haben somit ein Spiel mit Erwartungswert unendlich vor uns. Kaum jemand, dem man dieses Spiel angeboten hatte, war jedoch bereit, mehr als 15 für die Teilnahme zu bezahlen. Der Mathematiker Daniel Bernoulli schlug im Jahr 1738 folgende Lösung vor: Wenn Menschen vor solchen Entscheidungsproblemen stehen, bilden sie zwar einen Erwartungswert, doch dabei fließen die Geldbeträge nicht direkt, sondern mit einer Nutzenfunktion gewichtet ein. Man sollte zwar erwarten, dass mehr Geld auch einen höheren Nutzen stiftet; allerdings erschien es Bernoulli plausibel, dass der damit verbundene Zusatznutzen kleiner wird. Über die erste Million freut man sich mehr als über die siebte. Außerdem wies Bernoulli darauf hin, dass man ein Spiel nicht isoliert betrachten sollte. Vielmehr sollte man betrachten, wie Gewinne und Verluste aus einem Spiel das bereits vorhandene Vermögen verändern. Diese beiden Aspekte kann man z.B.

über eine Nutzenfunktion der Form u=(vorhandenes Vermögen +Gewinn)^{0,5} erfassen. Allgemein formuliert wäre der erwartete Nutzen für das St. Petersburger Spiel gleich

$$E[Nutzen] = \sum_{s=1}^{\infty} Nutzen(s) \cdot Wahrscheinlichkeit(s)$$

Nehmen wir zur Vereinfachung an, dass das bereits vorhandene Vermögen gleich null ist, erhalten wir für das St. Petersburger Spiel mit der Nutzenfunktion $u = x^{0,5}$:

$$E[Nutzen] = \sum_{s=1}^{\infty} 2^{s/2} \cdot 2^{-s}$$

$$= 2,41$$

Wobei uns hier nicht kümmern soll, wie man von der zweiten in die dritte Zeile gelangt.[16] Bernoullis Vorschlag war daher, dass Menschen für die Teilnahme an einem Glückspiel nicht den Erwartungswert des Glückspiels bezahlen, sondern (maximal) soviel, dass die Nutzeneinbuße durch das Zahlen des Preises für die Teilnahme gleich der erwarteten Nutzenerhöhung durch die Teilnahme am Glückspiel ist.

Erwartungsnutzentheorie

Ab den 1940er Jahren wurde der Gedanken Bernoullis verallgemeinert und formalisiert. Man hat sich gefragt, unter welchen Bedingungen man das Entscheidungsverhalten von Menschen so wie von Bernoulli vorgeschlagen beschreiben kann. Das Ergebnis ist wie folgt:

Wenn die Präferenzen eines Menschen folgenden Axiomen genügen[17]

▫	Vergleichbarkeit:	Menschen können Alternativen in eine Rangfolge bringen.
▫	Transitivität:	Wer Cola lieber als Wasser mag und Wasser lieber als Saft, sollte Cola auch lieber als Saft mögen.
▫	Stetigkeit:	Wenn bei jemand Wasser zwischen Cola und Saft rangiert, dann gibt es eine Wahrscheinlichkeit p, so dass es

---

[16] Wenn Sie es herausfinden wollen, schreiben Sie sich die einzelnen Terme auf – Sie sollten dann zwei unendliche Reihen darin erkennen, die 1 bzw. Wurzel(2) ergeben.
[17] In Lehrbüchern finden Sie teilweise andere Formulierungen der Axiome. Die Unterschiede sind nicht grundsätzlicher Natur, sondern beweistechnisch begründet (je einfacher man den Existenzbeweis der Nutzenfunktion führen will, desto mehr steckt man in die Axiome hinein).

dem Betreffenden egal ist, ob er sicher Wasser bekommt oder Cola mit Wahrscheinlichkeit p und Saft mit Wahrscheinlichkeit 1–p.

▫ Dominanz: Mehr (von einem an sich erstrebenswerten Gut) ist besser.

▫ Unabhängigkeit: Wer Cola lieber als Wasser mag, sollte die Aussicht, Cola mit Wahrscheinlichkeit *p* zu bekommen oder etwas anderes (nennen wir es x) mit Wahrscheinlichkeit (1–*p*), attraktiver finden als die Aussicht, Wasser mit Wahrscheinlichkeit *p* zu bekommen oder x mit Wahrscheinlichkeit (1–*p*). Klingt kompliziert, daher ein Beispiel: Wer Cola lieber als Wasser mag, sollte bei einem Getränkeautomaten auch dann auf die Cola-Taste drücken statt auf die Wasser-Taste, wenn der Automat mit Wahrscheinlichkeit 1–*p* das eingeworfene Geld schluckt, ohne etwas auszuwerfen — unabhängig von dem Getränk, das man gewählt hat.

Wenn also die Präferenzen diesen Axiomen genügen, dann kann man das Verhalten eines Menschen durch eine Nutzenfunktion $u(x)$ beschreiben, mit der er/sie die verschiedenen Ergebnisse j einer Alternative i bewertet; um es genauer zu sagen: der Mensch wird sich immer so verhalten, als ob er/sie den erwarteten Nutzen der Alternativen maximiert:

$$E[u(x_i)] = \sum_j p_j u(x_{ij}) \rightarrow \text{max!}$$

Halten wir uns kurz vor Augen, was dies bedeutet und was nicht:

▫ Die Theorie schreibt Menschen keine bestimmte Nutzenfunktion vor. Sie sagt nur, dass man für jeden Menschen eine Nutzenfunktion finden kann, die sein Verhalten beschreibt.

▫ Die Theorie sagt erst einmal nicht, dass Menschen immer erwartete Nutzenwerte ausrechnen bzw. ausrechnen sollten, bevor sie Entscheidungen treffen. Aus Kostengründen kann es auch für Nutzenmaximierer rational sein, aus dem Bauch heraus zu entscheiden. Allerdings würde man erwarten, dass sie dabei nicht systematisch von den Entscheidungen abweichen, die man bei Anwendung der Erwartungsnutzentheorie vorhersagen würde.

▫ Der Begriff „Nutzen" wird im privaten Alltag kaum so verwendet wie hier, und man könnte meinen, dass die Entscheidungstheorie damit ein neues uns unbekanntes Konzept einführt. Tut sie nicht. Sie können statt Nutzen auch Glück oder Zufriedenheit sagen. Entscheidungstheoretiker und Ökonomen haben das zu Anfang auch getan.[18]

☐ Für x werden in der Anwendung der Theorie meist Geldbeträge eingesetzt, aber das bedeutet nicht, dass man daran glaubt, dass Geld für sich genommen glücklich macht. Man nimmt den Geldbetrag als leicht verfügbares Maß dafür, was ein Mensch tun kann, um sein Glück zu steigern, und das kann alles Mögliche sein: Essen und Trinken, Kleidung, ein Theaterbesuch, eine Spende, eine Reduktion der Arbeitszeit. Geld ist sicher kein perfektes Maß für das Glückspotential, aber es ist auch nicht einfach, ein besseres zu finden.

Die Axiome, die man für die Begründung der Theorie braucht, erscheinen auf den ersten Blick nicht besonders streng bzw. unrealistisch. Allerdings gibt es immer wieder Situationen, in denen sich Menschen auf eine Weise entscheiden, die damit nicht konsistent ist, insbesondere nicht mit dem Unabhängigkeitsaxiom. Außerdem geht die Erwartungsnutzentheorie davon aus, dass Menschen die benötigten Wahrscheinlichkeiten kennen bzw. zumindest keine systematischen Fehler bei der Einschätzung der Wahrscheinlichkeiten machen; hierzu gibt es aber viele gegenteilige Befunde.

Was man daraus folgern kann, ist schon seit Jahrzehnten Gegenstand von wissenschaftlichen Debatten. Manche argumentieren, dass die Erwartungsnutzentheorie das Verhalten von Menschen nicht beschreiben kann, andere sagen, dass Menschen eben zu Fehlern neigen und die Erwartungsnutzentheorie ihnen dabei helfen kann, diese zu vermeiden. Wir wollen diese Diskussion hier nicht weiter vertiefen. Auch die Kritiker der Theorie erkennen an, dass sie sehr sinnvoll als Modell rationalen Entscheidens ist, an dem man sich orientieren kann. Und das ist auch das, wofür wir die Theorie im Weiteren brauchen. Sie hilft uns, die Vernünftigkeit von Annahmen einzuordnen oder Verhalten zu verstehen. Aber bevor wir zum nächsten Kapitel schreiten, wollen wir uns die Erwartungsnutzentheorie noch etwas näher anschauen.

---

[18] Vgl. folgende Aussage von Jeremy Bentham: "By utility is meant that property in any object, whereby it tends to produce benefit, advantage, pleasure, good, or happiness, (all this in the present case comes to the same thing)" (*An Introduction to the Principles of Morals and Legislation* (1789, Chapter I)).

Risikoaversion, Risikofreude, Risikoneutralität

In der Erwartungsnutzentheorie ergeben sich Unterschiede in den Risikopräferenzen aus der Krümmung der Nutzenfunktion. Um das zu verstehen, fragen wir uns, warum ein Mensch Risiko scheut, der Risiko scheut. In der Erwartungsnutzentheorie liegt dies daran, dass eine Verschlechterung mehr Kummer erzeugt als eine Verbesserung Freude macht. Dann geht man doch lieber auf Nummer sicher. Das passiert bei einer konkaven Nutzenfunktion, wie man an folgendem Schaubild in der Mitte sieht:

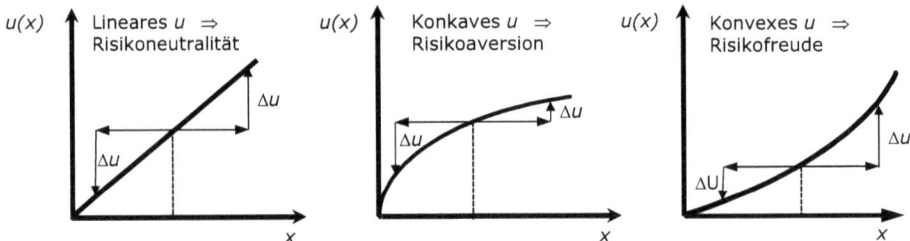

Verschlechtert sich die Situation (d.h. das x wird kleiner), geht der Nutzen bei einer konkaven Nutzenfunktion stärker zurück als er ansteigt, wenn sich die Situation betragsmäßig im selben Umfang verbessert. Bei einer linearen Funktion ist der Nutzenverlust hingegen gleich dem Nutzenanstieg, und man kümmert sich nicht das Risiko. Bei einer konvexen Funktion schließlich steigt der Nutzen bei Verbesserungen stärker an als bei Verschlechterungen. Risiko bringt dann auch im Durchschnitt mehr Freude, nicht nur dann, wenn es gut läuft.

Auf dieser Basis kann man Risikopräferenzen wie folgt einteilen:

☐ Risikoaversion (-scheu): Gilt bei konkaver Nutzenfunktion, also z.B. der Logarithmus- oder der Wurzelfunktion. Risiko senkt hier im Durchschnitt den Nutzen. 50 Euro sicher werden einem Los mit Preis 50 vorgezogen, das mit 50% Wahrscheinlichkeit 100 Euro erlöst, mit 50% wertlos ist.

Etwas formaler noch: Eine risikoaverse Person zieht den sicheren Erwartungswert dem unsicheren Ergebnis vor, und damit gilt $E\,[u(x_i)] < u[E(x_i)]$.

Indem man in dieser Definition den erwarteten Nutzen mit dem Nutzen des Erwartungswertes vergleicht, tut man das etwas allgemeiner, was wir im Beispiel mit dem Los gemacht haben: Wir betrachten, wie man zu einer Situation steht, in der nur Risiko hinzukommt, der Erwartungswert jedoch gleichbleibt.

☐ Risikofreude: Es gilt $E\,[u(x_i)] > u[E(x_i)]$, was bei konvexen Nutzenfunktion gegeben ist. Risikofreudige Menschen sind bereit, eine niedrigere durchschnittliche Auszahlung in Kauf zu nehmen, um mit Risiko konfrontiert zu werden. Ein Gewinn macht hier mehr Freude als ein Verlust in gleicher Höhe schadet.

☐ Risikoneutralität: Es gilt E $[u(x_i)] = u[E(x_i)]$, was bei linearer Nutzenfunktion gegeben ist. Gleichbedeutend kann man sagen, dass sich risikoneutrale Entscheider allein am Erwartungswert orientieren. Ein Gewinn von Y erhöht den Nutzen um denselben Wert wie ihn ein Verlust von Y senkt. Deshalb ist einem das Risiko egal.

Sicherheitsäquivalent und Risikoprämie

Auf Basis des eben Gesagten kann man Risikoeinstellung auch noch etwas anders beschreiben. Risikoaverse Entscheider verlangen für das Eingehen einer riskanten Situation eine Risikoprämie. Um die genau zu definieren, müssen wir aber erst einmal einen anderen Begriff einführen:

☐ Sicherheitsäquivalent = sicheres Ergebnis, das einen gleich hohen Nutzen wie die betrachtete Alternative mit riskanten Ergebnissen stiftet

Die Risikoprämie ist dann wie folgt definiert:

☐ Risikoprämie: Differenz zwischen Erwartungswert des Ergebnisses und Sicherheitsäquivalent

Machen wir uns dies an einem Beispiel klar:

☐ Sie können ein Los kaufen, das mit p=0,5 € 100 wert ist, mit p=0,5 wertlos ist.

☐ Der Erwartungswert ist € 50

☐ Sie wollen aber maximal € 45 dafür zahlen.

    ⇨ Ihr Sicherheitsäquivalent für die Lotterie ist € 45, d.h. Sie sind indifferent zwischen den Möglichkeiten

        [0 (p=50%); 100 (p=50%)] und 45 (p=1)

    ⇨ Man muss Ihnen eine Risikoprämie von € 5 einräumen, damit Sie ein Los kaufen.

Wenn die Lotterie nicht so riskant wäre, sollte die Risikoprämie kleiner sein. Wenn das Los mit p=0,5 € 55 wert ist, mit p=0,5 € 45 würde der Entscheider aus dem obigen Beispiel vielleicht € 49 zu zahlen bereit sein. Die Risikoprämie wäre mit € 1 kleiner.

Wenn man eine Nutzenfunktion hat, kann man das Sicherheitsäquivalent bestimmen, indem man die Inverse der Nutzenfunktion auf den erwarteten Nutzen anwendet. Danach kann man die Risikoprämie ausrechnen. Auch diese Berechnungen kann man am besten an einem Beispiel nachvollziehen, siehe den Kasten auf dieser nächsten Seite.

In der Rechnung im grauen Kasten unterstellen wir implizit, dass der Nutzen nur von der unsicheren Zahlung abhängt, es also kein sonstiges Vermögen oder Einkommen gibt, das zum Nutzen beiträgt. Die Rechnung passt daher zum Beispiel auf den Fall, dass jemand entweder 100 oder 120 verdient und kein sonstiges Einkommen hat.

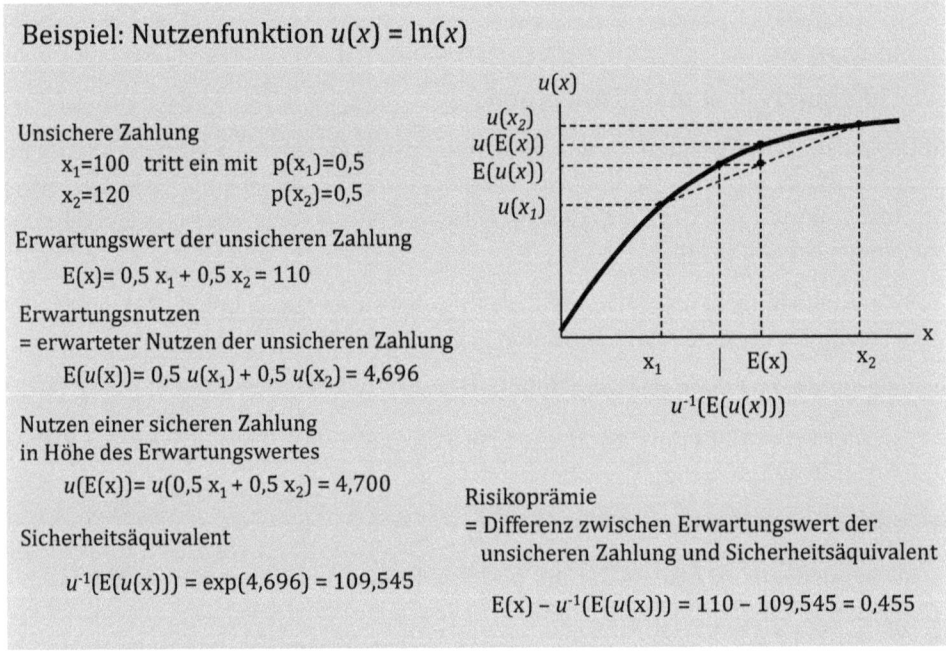

Beispiel: Nutzenfunktion $u(x) = \ln(x)$

Unsichere Zahlung
  $x_1 = 100$ tritt ein mit $p(x_1) = 0{,}5$
  $x_2 = 120$ $p(x_2) = 0{,}5$

Erwartungswert der unsicheren Zahlung
  $E(x) = 0{,}5\, x_1 + 0{,}5\, x_2 = 110$

Erwartungsnutzen
= erwarteter Nutzen der unsicheren Zahlung
  $E(u(x)) = 0{,}5\, u(x_1) + 0{,}5\, u(x_2) = 4{,}696$

Nutzen einer sicheren Zahlung
in Höhe des Erwartungswertes
  $u(E(x)) = u(0{,}5\, x_1 + 0{,}5\, x_2) = 4{,}700$

Sicherheitsäquivalent
  $u^{-1}(E(u(x))) = \exp(4{,}696) = 109{,}545$

Risikoprämie
= Differenz zwischen Erwartungswert der unsicheren Zahlung und Sicherheitsäquivalent
  $E(x) - u^{-1}(E(u(x))) = 110 - 109{,}545 = 0{,}455$

Wenn man dagegen den Fall betrachten möchte, dass jemand zusätzlich zu seinen Einkünften noch einen Abend jobbt und dabei entweder 100 oder 120 verdient, würden wir anders rechnen. Wir würden den Wert des sonstigen Einkommens mit einbeziehen. Nehmen wir in Modifikation des obigen Beispiels an, dass eine Person sowieso 1000 Euro verdient und nun überlegt, gegen welchen sicheren Betrag sie die unsichere Zahlung eintauschen würde. Die Rechnung wäre dann wie folgt:

$$\exp(\,0{,}5 \ln(1000+100) + 0{,}5 \ln(1000+120)\,)$$

... was 1109,95 ergibt. Das Sicherheitsäquivalent für die unsichere Zahlung wäre somit 109,95 (1000 hat man eh schon sicher). Dieses ist höher als in der Rechnung im grauen Kasten (die Risikoprämie ist entsprechend niedriger). Warum? Dadurch, dass man zusätzlich zu dieser unsicheren Situation noch 1000 Euro hat, macht einem die Unsicherheit nicht mehr soviel aus. Im grauen Kasten haben Sie in der guten Situation 20% mehr Geld als in der schlechten (=120/100-1). Mit den 1000 Euro haben Sie in der guten Situation dagegen nur 1,8% (1120/1100-1) mehr Geld als in der schlechten.

Wenn wir an die Rendite- und Risikoanalysen vom Anfang dieses Kapitels zurückdenken, können wir sie mit den neuen Begriffen wie folgt interpretieren: Anlagen sind unterschiedlich riskant. Die Tatsache, dass Durchschnittsrenditen unterschiedlich sind, könnte daran liegen, dass Anleger bei höherem Risiko eine höhere Risikoprämie fordern. Die Risikoprämie senkt den heutigen Preis und erhöht damit (bei gleich gebliebenen zukünftigen Zahlungen) die erwartete Rendite.

Die Interpretation ist aber, was das Risikomaß angeht, nur vorläufig. In diesem Kapitel haben wir Varianz bzw. Standardabweichung verwendet, um das Risiko von Anlagen zu messen. Das heißt aber nicht, dass Investoren sich bei der Entscheidung zwischen zwei Anlagen genau daran orientieren sollen. Zwei Gründe können wir hier dafür anführen: Auch jemand, der sich grundsätzlich an der Varianz seines Einkommens oder Konsums orientiert, orientiert sich bei der Analyse einzelner Anlagen nicht unbedingt an deren Varianz. Darauf kommen wir in Kapitel 4 zurück. Der andere Grund ist wie folgt: Vielleicht folgen Investoren zwar der Erwartungsnutzentheorie, aber das muss nicht gleichbedeutend damit sein, dass sie sich um die Varianz der unsicheren Ergebnisse kümmern. Wann das der Fall sein wird, stellen wir im nächsten Abschnitt kurz dar.

μ- σ- Präferenzen

Häufig wird in der Finanzierungstheorie angenommen, dass Menschen sich bei Entscheidungen unter Risiko an Erwartungswert und Varianz der Ergebnisse orientieren. Geht es um Anlageentscheidungen würde man erwartete Rendite μ und Varianz σ^2 betrachten und sich so entscheiden, dass man eine Funktion der Form U = $\mu - \gamma\sigma^2$ maximiert, wobei γ den Grad der Risikoaversion erfasst. Beachten Sie, dass es die Varianz ist, die in die Zielfunktion einfließt, nicht die Standardabweichung, obwohl man in der Regel so wie hier von μ- σ- Präferenzen spricht und nicht von μ- σ^2- Präferenzen.

Man kann zeigen, dass diese Form der Präferenzdarstellung dann mit der Erwartungsnutzentheorie vereinbar ist, wenn die Nutzenfunktion u quadratisch ist ($u(x) = ax - bx^2$) oder wenn die Ergebnisse x normalverteilt sind.[19] Dass Menschen quadratische Nutzenfunktionen haben, kann man nicht unbedingt erwarten. Es gibt viele Nutzenfunktionen, die plausibler erscheinen als die quadratische.[20] Wir hatten jedoch gesehen,

---

[19] Was naheliegend ist, da die Normalverteilung vollkommen durch Erwartungswert und Varianz beschrieben wird. Um genau zu sein, gibt es auch noch weitere Verteilungen, bei denen dies zutrifft.
[20] Für die quadratische Nutzenfunktion kann man mit Maßen, die in diesem Buch nicht diskutiert werden, zeigen, dass die Risikoaversion mit dem Vermögen zunimmt, was nicht plausibel erscheint.

dass die Normalverteilung zumindest für mittel- und langfristige Renditen grob auf empirische Beobachtungen passen könnte, was die Annahme von μ- σ-Präferenzen rechtfertigen würde.

Was schief gehen kann, wenn man von μ- σ-Präferenzen ausgeht, aber keine Grundlage dazu hat, illustriert das folgende Beispiel. Zwei Alternativen a_1 und a_2 liefern je zwei unterschiedliche Ergebnisse in Zustand 1 oder 2:[21]

	Zustand 1 (p=0,5)	Zustand 2 (p=0,5)	μ	σ^2
a_1	2	10	6	16
a_2	2	14	8	36

Offensichtlich sind die Ergebnisse hier nicht normalverteilt und die Unterstellung von μ- σ-Präferenzen ist fragwürdig. Würde man trotzdem beispielsweise die Zielfunktion $U = \mu - 0,25\sigma^2$ maximieren, würde man sich für Alternative 1 entscheiden. Diese wird allerdings von Alternative 2 dominiert, denn Alternative 2 liefert in keinem Zustand weniger als Alternative 1, in einem aber mehr.

***

Durchschnittsrenditen:
ordentlich. Doch wie hoch weiß
keiner so genau

---

[21] Bei der Berechnung der Varianz teilen wir hier die quadrierten Differenzen vom Erwartungswert durch 2, nicht durch $(2-1)$, da wir es hier nicht mit einer Stichprobe zu tun haben, sondern die Grundgesamtheit kennen (es gibt nur Zustand 1 und Zustand 2).

4 Portfoliotheorie und CAPM

Schlüsselbegriffe: Effiziente Portfolios, Tobin-Separation, Sharpe Ratio, Kapitalmarktlinie, Wertpapiermarktlinie, Jensens Alpha.

4.1 Einleitung

In den ersten beiden Kapiteln haben wir schon einiges über Rendite und Risiko gelernt. Einige wichtige Fragen blieben aber offen: Wie sollen Anleger ihr Geld auf die unterschiedlichen Anlageformen verteilen? Wie viel Renditeplus sollte man als Entschädigung für ein wenig mehr Risiko verlangen? Etwas dazu haben wir bereits bei Modigliani-Miller gesehen: Eigenkapitalkosten und damit erwartete Renditen sollten linear mit der Verschuldung steigen. Aber wir haben noch nichts darüber erfahren, wie und warum sich die Eigenkapitalkosten eines kleinen Biotechnologieunternehmens von denen eines großen Automobilherstellers unterscheiden sollen.

Die Antwort auf die Frage nach der richtigen Anlagepolitik ist im Kern: Diversifiziere – also verteile das Vermögen möglichst breit auf verschiedene Anlagemöglichkeiten. Das erscheint nicht besonders neu. Entsprechende Empfehlungen finden sich schon im alten Testament. Sprichwörter wie „Lege nicht alle Eier in einen Korb" gehen in dieselbe Richtung. Die Antworten aus der Finanzierungstheorie sind trotzdem neu, weil sie auch aufzeigen, wie man möglichst gut diversifiziert. Sie sind auch aktuell, weil viele Menschen den alten Weisheiten offenbar auch heute noch nicht folgen – das zeigen Studien immer wieder.

Die Antwort auf die Determinanten der erwarteten Renditen ist dagegen wirklich überraschend. Wir nehmen an, dass Menschen Renditevarianz scheuen, und bekommen heraus, dass es gar nicht die Varianz ist, für die sie beim Kauf einzelner Aktien eine Entschädigung verlangen. Aber dazu später mehr.

4.2 Portfoliotheorie

Die Portfoliotheorie geht auf die Doktorarbeit von Harry Markowitz (Nobelpreis 1990) aus den 1950er Jahren zurück. Sie gibt Anlegern Empfehlungen, wie sie ihr Vermögen auf verschiedene Anlagemöglichkeiten aufteilen sollen. In der ursprünglichen Version der Portfoliotheorie werden folgende Annahmen getroffen:

□   Anleger sind risikoscheu,

□   ihr Planungshorizont ist eine Periode,

□   sie haben Präferenzen, die durch Erwartungswert und Varianz der Renditen der Anlageobjekte beschrieben werden können.

□   Alle Anlageobjekte sind beliebig teilbar.

Rendite und Risiko bei Kombination zweier Anlagen

Beginnen wir unsere Analysen der Übersicht halber mit dem einfachen Fall, in dem wir zwei riskante Anlagen zur Auswahl haben. Annahmegemäß ist die für den Investor relevante Information in Erwartungswert und Varianz enthalten. Wir können daher die relevanten Anlagecharakteristika in einer zweidimensionalen Grafik darstellen. Gewöhnlich trägt man die erwartete Rendite μ auf der y-Achse und deren Standardabweichung σ (die ja die Quadratwurzel aus der Varianz ist) auf der x-Achse ab.

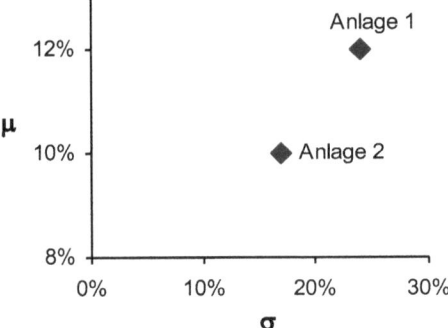

In unserem Beispiel hat Anlage 1 eine erwartete Rendite μ_1 von 12% bei einer Standardabweichung σ_1 von 24%, Anlage 2 hat eine erwartete Rendite μ_2 von 10% bei einer Standardabweichung σ_2 von 17%. Was passiert, wenn wir aus den beiden Anlagen ein Portfolio formen, in dem die beiden Anlagen unterschiedlich gewichtet sind? Sei a_1 (a_2) das Gewicht, das Anlage 1 (2) im Portfolio erhält. Die erwartete Portfoliorendite μ ergibt sich dann wie folgt (der Klarheit wegen leiten wir die Ergebnisse ab, auch wenn sie mit dem Wissen von Kapitel 3 offensichtlich sein mögen; R_1 (R_2) bezeichnet dabei die Rendite von Anlage 1 (2)):

$$\mu = E[a_1 R_1 + a_2 R_2] = E[a_1 R_1] + E[a_2 R_2] = a_1 E[R_1] + a_2 E[R_2]$$

$$= a_1 \mu_1 + a_2 \mu_2$$

(4.1)

Die erwartete Portfoliorendite ist somit gleich dem mit den Portfoliogewichten gewogenen Durchschnitt der einzelnen erwarteten Renditen.

Die Portfoliostandardabweichung beträgt:

$$
\begin{aligned}
\sigma &= \sqrt{\mathrm{Var}(a_1 R_1 + a_2 R_2)} \\[2mm]
&= \sqrt{\mathrm{Var}(a_1 R_1) + \mathrm{Var}(a_2 R_2) + 2\mathrm{Cov}(a_1 R_1, a_2 R_2)} \\[2mm]
&= \sqrt{a_1^2 \mathrm{Var}(R_1) + a_2^2 \mathrm{Var}(R_2) + 2 a_1 a_2 \mathrm{Cov}(R_1, R_2)} \\[2mm]
&= \sqrt{a_1^2 \sigma_1^2 + a_2^2 \sigma_2^2 + 2 a_1 a_2 \sigma_{12}}
\end{aligned}
\tag{4.2}
$$

Die Portfoliostandardabweichung kann somit nicht allein durch einen Durchschnitt der Varianzen beschrieben werden, es kommt auch noch ein Kovarianzterm hinzu. Äquivalent kann man die Portfoliostandardabweichung auch unter Verwendung der Korrelation zwischen den beiden Anlagen (ρ_{12}) darstellen:

$$
\sigma = \sqrt{a_1^2 \sigma_1^2 + a_2^2 \sigma_2^2 + 2 a_1 a_2 \rho_{12} \sigma_1 \sigma_2}
\tag{4.3}
$$

Schauen wir uns jetzt einmal in Abb. 4.1 an, welche μ-σ-Kombinationen sich abhängig von der Korrelation erreichen lassen, wenn wir die beiden Anlagen in einem Portfolio zusammenstellen. Dazu nehmen wir jeweils an, dass $a_1 + a_2 = 1$ und $a_1, a_2 \geq 0$, d.h. wir legen unser Geld vollständig in die beiden Anlagen an, Kreditaufnahme ist nicht möglich, ebenso wenig wie Leerverkäufe.

Abb. 4.1 Mögliche Rendite-Risiko-Kombinationen bei Investition in zwei Anlagen

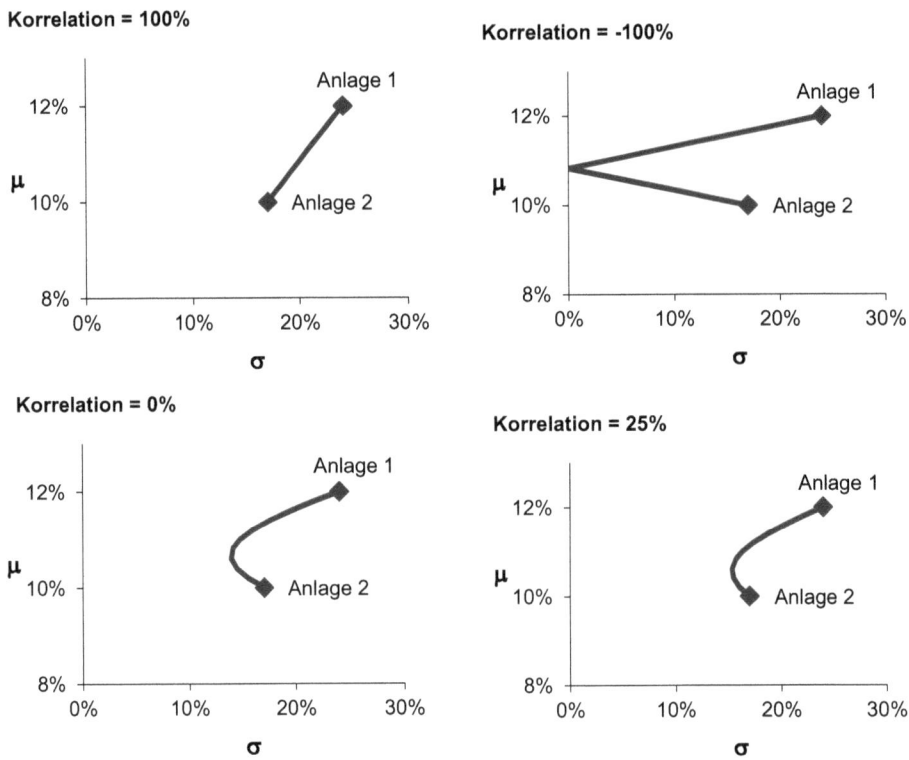

Beginnen wir mit zwei Extremfällen. Sind die beiden Anlagen perfekt positiv korreliert (oben links) liegen alle möglichen Portfolios auf einer Gerade, die die beiden Anlagen verbindet. Das kann man sich anhand der Formel 4.3 klar machen, wenn man für ρ_{12} eins einsetzt

$$\sigma = \sqrt{a_1^2\sigma_1^2 + a_2^2\sigma_2^2 + 2a_1a_2\sigma_1\sigma_2} = \sqrt{(a_1\sigma_1 + a_2\sigma_2)^2} \tag{4.4}$$

$$= a_1\sigma_1 + a_2\sigma_2$$

Man muss dazu nur erkennen, dass unter der ersten Wurzel ein quadratischer Ausdruck der Form $(x+y)^2=x^2+y^2+2xy$ steht.[22] Da die erwartete Rendite linear in den Gewichten ist, die Portfoliostandardabweichung in diesem Fall auch, ist die erwartete

---

[22] Normalerweise müsste man am Ende Betragsstriche setzen. Das ist hier aber nicht nötig, da a_1 und a_2 annahmegemäß positiv sind, und die Standardabweichungen sowieso positiv sind.

Rendite auch linear in der Portfoliostandardabweichung, und genau das sehen wir in der Grafik.

Ist die Korrelation perfekt negativ (-100%, oben rechts), bilden die möglichen Portfolios einen Keil, dessen Spitze gerade auf der y-Achse liegt. Wir können also aus zwei riskanten Anlagen ein Portfolio ohne Risiko formen. Ein solcher Fall wird gerne als Paradebeispiel für den Diversifikationseffekt – die zentrale Einsicht der Portfoliotheorie – gesehen. Man führt dazu Beispiele wie den Händler an, der sowohl Sonnenhüte als auch Regenschirme verkauft. Verkaufen sich die Hüte, bleiben die Regenschirme liegen und umgekehrt.

Viel spannender und in der Praxis viel bedeutender ist jedoch die Einsicht, dass sich Risiko auch dann reduzieren lässt, wenn Anlagen nicht oder gar positiv korreliert sind. Dies wird in den unteren beiden Bildern deutlich. Die erreichbaren Portfolios liegen nun auf einer liegenden Parabel. Die Scheitelpunkte weisen jeweils ein geringeres Risiko als die Anlage mit dem kleinsten Risiko (Anlage 2) auf. Wir können somit durch Portfoliobildung auch dann Risiko „vernichten", wenn die Anlagen positiv korreliert sind.

Das Verständnis für diese Risikovernichtung bei positiver Korrelation ist nicht nur bedeutsamer, weil sie weniger auf der Hand liegt als die bei (perfekt) negativer. In der Praxis sind auch die meisten Anlageformen positiv korreliert. Daher sind Beispiele mit negativer Korrelation rein praktisch wenig bedeutsam. Die folgende Tabelle gibt für einige Anlageformen die Korrelationen (ermittelt mit monatlichen Renditen von 1998-2018, alles in Euro; Aktien Welt gemessen über MSCI World):

	DAX	Aktien Welt	US Dollar	Öl	Gold
DAX	100%				
Aktien Welt	84%	100%			
US Dollar	-5%	22%	100%		
Öl	20%	27%	-4%	100%	
Gold	-10%	-1%	23%	3%	100%

Gold ist einer der Kandidaten für eine negative Korrelation mit Aktienanlagen, was sich in den analysierten Daten auch im Verhältnis zum DAX zeigt. Aber richtig stark ist diese negative Korrelation nicht. Sie kann sich leicht bei Verwendung anderer Daten ändern.

Der effiziente Rand und optimale Portfolios bei vielen Anlagen

In der Praxis stehen Anlegern viele Anlagemöglichkeiten zur Verfügung, nicht nur zwei wie im letzten Abschnitt. Wie sehen die Portfolios aus, die sich dann formen lassen? Man kann sich dies folgendermaßen vorstellen: Zwischen zwei Anlagen formt man

Kombinationen wie eben gesehen. All diese Kombinationen kann man wieder als neue mögliche Anlagen betrachten, die sich wieder untereinander beliebig kombinieren lassen.

Abb. 4.2 illustriert dies. Die schwarzen Punkte stellen die ursprünglichen Anlagemöglichkeiten dar. Darauf aufbauend kann man wie mit einem Netz aus Parabeln neue Anlagemöglichkeiten formen. Als Anleger, der Rendite sucht aber Risiko scheut, möchte man dieses Netz möglichst weit nach links oben ausdehnen. Aber irgendwann ist Schluss, und es geht nicht weiter.

Abb. 4.2 Schematische Darstellung der Anlagemöglichkeiten bei mehreren Anlagemöglichkeiten (hier die vier ●)

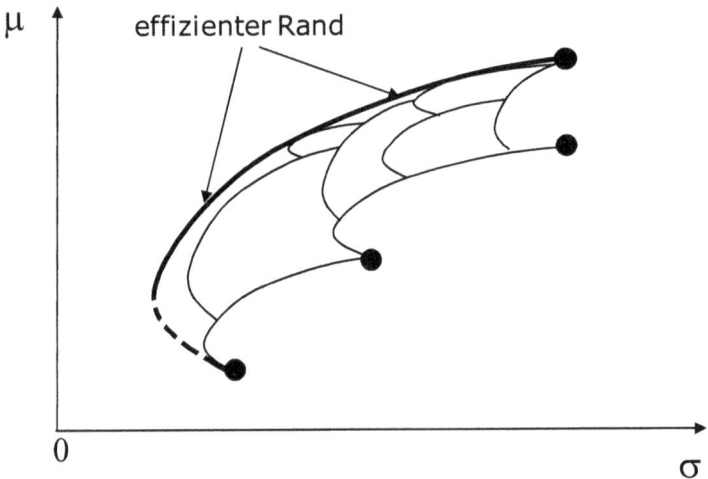

Die Begrenzungslinie ist als dicke schwarze Linie eingezeichnet. Sie ist teilweise gestrichelt um zu verdeutlichen, dass sich Portfolios auf dem oberen Ast von dem auf dem unteren Ast unterscheiden. Der obere Ast heißt in der Portfoliotheorie der „effiziente Rand" oder auch „Effizienzlinie". Auf ihm liegen alle effizienten Portfolios, wobei effizient folgendermaßen definiert ist:

Ein Portfolio ist effizient, wenn es keine anderen Portfolios
- mit derselben erwarteten Rendite, aber niedrigerer Varianz oder
- mit derselben Varianz, aber höherer erwarteter Rendite gibt.

In den Wirtschaftswissenschaften bezeichnet man Lösungen als effizient, wenn man sich nicht mehr besserstellen kann, ohne an irgendeiner Stelle Verschlechterungen zu erleiden. Effiziente Portfolios sind genau so charakterisiert. Von ihnen ausgehend kann man sich nicht mehr verbessern (d.h. Rendite erhöhen bzw. Risiko senken), ohne Nachteile in Kauf zu nehmen (d.h. Risiko erhöhen bzw. Rendite senken).

Hat man effiziente Lösungen identifiziert, ist jedoch noch nicht klar, welche man wählen soll (es sei denn es gibt nur eine, hier aber gibt es viele). Die Auswahl optimaler Portfolios nennt man Portfolioselektion. Um ein optimales Portfolio zu identifizieren, müssen wir die Präferenzen genau spezifizieren. Bislang hatten wir ja nur angenommen, dass Rendite gut und Risiko schlecht ist, aber nicht gesagt, wie viel mehr an Rendite notwendig ist, um eine Einheit mehr Risiko zu kompensieren. Dies können wir aber leicht über eine Zielfunktion der folgenden Form tun:

$$U = \mu - \gamma\sigma^2, \ \gamma > 0$$

Der Parameter γ erfasst die Höhe der Risikoaversion; sie ist umso höher, je höher γ. Wie bei einer ökonomischen Analyse üblich können, wir auch Indifferenzkurven bilden, die der geometrische Ort aller Portfolios mit einem bestimmten Niveau U* sind:

$$\text{Indifferenzkurve zum Niveau U*:} \ \mu = U^* + \gamma\sigma^2$$

Im μ-σ-Diagramm ergeben die Indifferenzkurven somit eine Parabelschar mit Scheitelpunkten bei $\sigma=0$. Je höher die Indifferenzkurven, desto höher der Nutzen. Abb. 4.3 verdeutlicht dies. Die Auswahl des optimalen Portfolios erfolgt analog zu anderen Entscheidungsproblemen, wie sie in den Wirtschaftswissenschaften analysiert werden. Wir suchen den Punkt, auf dem der effiziente Rand (d.h. die Kurve der Möglichkeiten) von einer Indifferenzkurve tangiert wird. Dann haben wir den Punkt identifiziert, der die Zielfunktion maximiert.

Abb. 4.3 Portfolioselektion: Auswahl des optimalen Portfolios

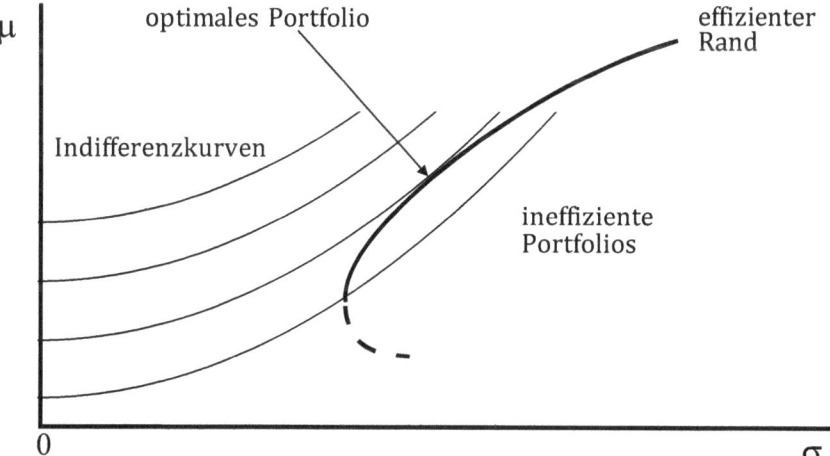

Mathematische Bestimmung des effizienten Randes

Bislang haben wir noch nichts dazu gesagt, wie man den effizienten Rand für vorgegebene Anlagemöglichkeiten mathematisch bestimmt. Dies wollen wir nun nachholen,
und zwar zunächst für einen Fall, der etwas allgemeiner ist als die bislang betrachteten
Beispiele: Wir lassen zu, dass Anlagen auch leerverkauft werden können. Leerverkäufe
hatten wir schon einmal bei dem Arbitragebeweis von Modigliani-Miller.[23]

Ein Punkt auf dem effizienten Rand ist dadurch gekennzeichnet, dass die Varianz für
eine vorgegebene Rendite minimal ist. Wir können somit ein Minimierungsproblem
aufstellen, um effiziente Punkte zu bestimmen. Es lautet folgendermaßen:

> Minimiere Portfoliovarianz unter Nebenbedingungen (NB)
> NB1: Summe der Portfoliogewichte = 1
> NB2: Portfoliorendite = μ^*

Die erste Nebenbedingung garantiert, dass wir nicht mehr Geld anlegen als wir zur Verfügung haben; die zweite gibt eine erwartete Rendite vor, mit der wir dann genau einen
Punkt auf dem effizienten Rand identifizieren. Lösen wir das Optimierungsproblem für
viele erwartete Renditen, identifizieren wir viele Punkte auf dem effizienten Rand und
können ihn somit hinreichend genau bestimmen.

Dieses Optimierungsproblem schreiben wir nun mit mathematischer Notation. Der Zei-
lenvektor $a=[a_1\ a_2\ .....\ a_N]$ enthält die gesuchten Gewichte unserer N Anlagen; die Varianz-Kovarianz-Matrix der Anlagerenditen sei Σ. Das Optimierungsproblem lässt sich
dann schreiben als:

$$min\ \sigma^2 = a\Sigma a',\quad NB1: \sum_{i=1}^{N} a_i = 1,\quad NB2: \sum_{i=1}^{N} a_i\mu_i = \mu^* \tag{4.5}$$

Wir können das Problem über eine Lagrangefunktion lösen. Die Nebenbedingungen tauchen in den zusätzlichen Termen auf; ihre Einhaltung wird ein Teil der notwendigen
Bedingungen:

$$L = a\Sigma a' + \lambda_1 \left(\sum_{i=1}^{N} a_i - 1 \right) + \lambda_2 \left(\sum_{i=1}^{N} a_i\mu_i - \mu^* \right) \tag{4.6}$$

Die notwendigen Bedingungen erhalten wir, indem wir nach a ableiten.

---

[23] Zur Erinnerung: Im 1. Schritt borgt man sich Wertpapiere und übernimmt die Verpflichtung,
sie später zurückzugeben. Danach verkauft man die geborgten Wertpapiere gleich wieder und
hat somit zusätzliche Mittel zur Verfügung, die man in andere Papiere investieren kann.

Schauen wir uns diese Ableitungen für den Fall N=3 an, d.h. wir haben drei Anlagemöglichkeiten zur Verfügung:

$$\partial L / \partial a_1 = 2a_1\sigma_{11} + 2a_2\sigma_{12} + 2a_3\sigma_{13} + \lambda_1 + \lambda_2\mu_1 = 0$$

$$\partial L / \partial a_2 = 2a_1\sigma_{21} + 2a_2\sigma_{22} + 2a_3\sigma_{23} + \lambda_1 + \lambda_2\mu_2 = 0$$

$$\partial L / \partial a_3 = 2a_1\sigma_{31} + 2a_2\sigma_{32} + 2a_3\sigma_{33} + \lambda_1 + \lambda_2\mu_3 = 0$$

$$\partial L / \partial \lambda_1 = a_1 + a_2 + a_3 \quad -1 = 0$$

$$\partial L / \partial \lambda_2 = a_1\mu_1 + a_2\mu_2 + a_3\mu_3 \quad -\mu^* = 0$$

Dieses Gleichungssystem gilt es zu lösen. Mit Vektoren und Matrizen können wir es etwas eleganter schreiben:

$$
\underbrace{\begin{bmatrix} 2\sigma_{11} & 2\sigma_{12} & 2\sigma_{13} & 1 & \mu_1 \\ 2\sigma_{21} & 2\sigma_{22} & 2\sigma_{23} & 1 & \mu_2 \\ 2\sigma_{31} & 2\sigma_{32} & 2\sigma_{33} & 1 & \mu_3 \\ 1 & 1 & 1 & 0 & 0 \\ \mu_1 & \mu_2 & \mu_3 & 0 & 0 \end{bmatrix}}_{\mathbf{B}} \times \underbrace{\begin{bmatrix} a_1 \\ a_2 \\ a_3 \\ \lambda_1 \\ \lambda_2 \end{bmatrix}}_{\mathbf{x}} = \underbrace{\begin{bmatrix} 0 \\ 0 \\ 0 \\ 1 \\ \mu^* \end{bmatrix}}_{\mathbf{m}}
$$

Das System **Bx=m** können wir leicht nach **x** auflösen:

$$\mathbf{x} = \mathbf{B}^{-1}\mathbf{m} \tag{4.7}$$

Da **x** die gesuchten Portfoliogewichte enthält, haben wir schon einen effizienten Punkt auf dem effizienten Rand identifiziert. Nun müssen wir das Ganze nur noch mit anderen μ^* durchspielen. Dies alles ist mit dem Computer leicht zu bewerkstelligen.

Gehen wir nun zu dem Fall über, in dem Leerverkäufe ausgeschlossen sind. Mathematisch bedeutet dies, dass alle Gewichte a_i größer gleich null sein müssen. Wir können unser Problem dann folgendermaßen definieren:

$$\min \sigma^2 = a\Sigma a', \quad NB1: \sum_{i=1}^{N} a_i = 1, \quad NB2: \sum_{i=1}^{N} a_i\mu_i = \mu^*, \tag{4.8}$$

$$NB3: \quad a_i \geq 0, \forall i$$

Nun kann man keine elegante Lösung wie oben mehr ableiten. Man muss das Problem auf numerischem Weg lösen. Wie man es in Excel machen kann, zeigt eine Datei auf der Webseite zu diesem Buch. Darin werden die Daten aus Kapitel 3 verwendet.

Effizienter Rand und Portfolioselektion mit risikoloser Anlage

Bislang hatten wir immer nur Anlagen betrachtet, die riskant sind, also eine Standardabweichung größer null haben. In der Realität hat man jedoch meist auch die Möglichkeit, sein Geld zur Bank oder zum Staat zu tragen und es dort über eine Periode hinweg risikolos oder praktisch risikolos anzulegen.

Machen wir uns zunächst klar, was passiert, wenn wir unser Geld zum einen Teil risikolos zum Zinssatz R_f, zum anderen Teil in eine beliebige riskante Anlage (mit erwarteter Rendite μ_i und Standardabweichung σ_i investieren. Wenn a den Anteil des Vermögens in der riskanten Anlage bezeichnet, ergibt sich eine erwartete Rendite von

$$\mu = a\mu_i + (1 - a)R_f = R_f + a(\mu_i - R_f) \tag{4.9}$$

Denn für die risikolose Anlage bleibt gerade ein Anteil (1- a) des Vermögens übrig. Die Standardabweichung dagegen ist

$$\sigma = \sqrt{\mathrm{Var}(aR_i + (1 - a)R_f)} = \sqrt{\mathrm{Var}(aR_i)} = a\sigma_i \tag{4.10}$$

da der risikolose Zins keine Varianz besitzt und daher auch eine Kovarianz von null mit der riskanten Anlage aufweist.

Löst man Gleichung (4.10) nach a auf und setzt das Ergebnis in (4.9) ein, erhält man eine Gleichung für μ-σ-Kombinationen, die sich durch Kombination der risikolosen mit der riskanten Anlage erreichen lassen:

$$\mu = R_f + \frac{\mu_i - R_f}{\sigma_i}\sigma \tag{4.11}$$

Im μ-σ-Diagramm (s. Abb. 4.4) liegen die Kombinationen also auf einer Geraden, die bei $\mu_i = R_f$, $\sigma=0$ beginnt und die Steigung $(\mu_i - R_f)/\sigma_i$ besitzt.

Abb. 4.4 Mögliche Rendite-Risiko-Kombinationen bei Investition in eine riskante Anlage und in die risikolose Anlage

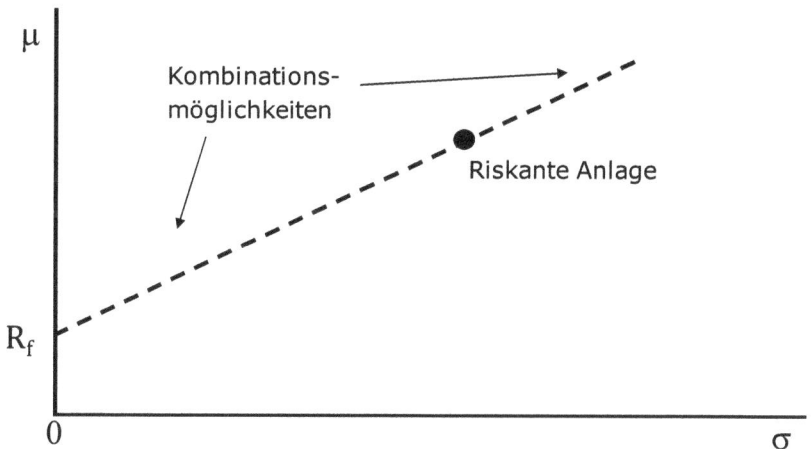

Die Gerade läuft rechts von der riskanten Anlage noch weiter nach rechts oben. Die dortigen Portfolios zeichnen sich dadurch aus, dass man einen Kredit zum Zinssatz R_f aufnimmt und den Kreditbetrag zusätzlich zum Ausgangsvermögen in die riskante Anlage investiert.

Aufbauend auf diesen Zusammenhängen hat James Tobin (Nobelpreis 1981) gezeigt, dass man die risikolose Anlagemöglichkeit leicht in die bisherige Analyse des effizienten Randes integrieren kann. Man muss nicht neu über alle Anlagemöglichkeiten optimieren. Vielmehr kann man den effizienten Rand ohne risikolose Anlage, wie wir ihn oben bestimmt haben, als Ausgangspunkt nehmen.

Wie können wir die risikolose Anlage verwenden, um unsere Effizienzgrenze nach links oben zu verschieben? Wir können beliebige Punkte auf oder unterhalb des effizienten Randes mit dem Punkt $\mu=R_f$, $\sigma = 0$ verbinden. Welcher Punkt wird diese Gerade möglichst weit nach links oben rücken? – Derjenige, bei dem die Gerade die bisherige Effizienzlinie gerade tangiert. Das zugehörige Portfolio heißt daher Tangentialportfolio. Es ist weiterhin effizient. Alle übrigen, bisher effizienten Portfolios sind es aber nicht mehr, denn sie liegen unterhalb des neuen effizienten Randes, der nun eine Gerade ist. Optimale Portfolios werden dann wie gehabt gewählt, indem wir die Indifferenzkurven an die Effizienzlinie anlegen (Abb. 4.5)

Abb. 4.5 Portfolioselektion mit der risikolosen Anlage

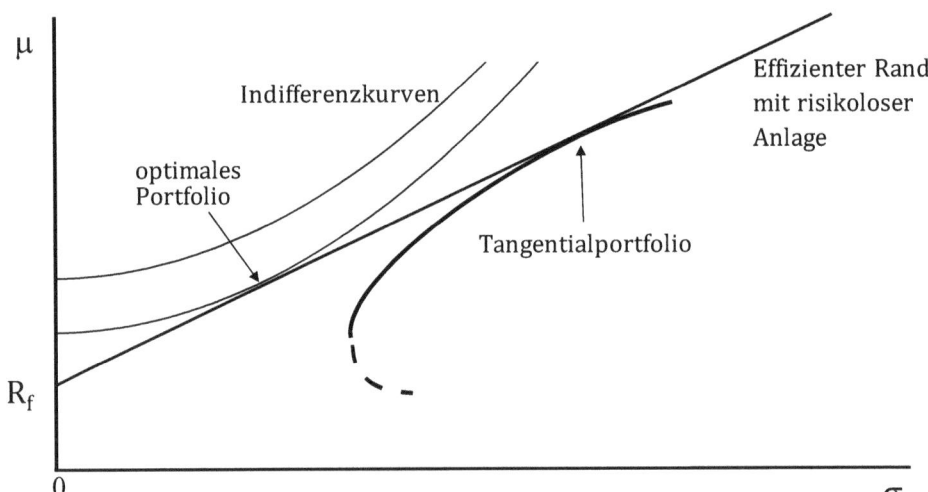

Eine direkte Implikation ist das Tobinsche Separationstheorem: Die optimale Auswahl von Anlagemöglichkeiten (Portfolioselektion) kann in zwei unabhängige Teilschritte zerlegt werden:

- ☐ Ermittlung des Tangentialportfolios. Diese erfolgt unabhängig von der Risikoaversion des Entscheiders.

- ☐ Auswahl des individuellen optimalen Portfolios, bestehend aus
  - risikofreier Geldanlage (oder -aufnahme)
  - riskantem Tangentialportfolio
  Die Mischung spiegelt die Risikoeinstellung des Entscheiders wider.

Das Tobinsche Separationstheorem hat wichtige Konsequenzen. Insbesondere wird die Delegation von Entscheidungen vereinfacht. Mit Tobin können z.B. Anteilsinhaber eines Investmentfonds sich darauf einigen, der Fondsmanagerin die Investition in das Tangentialportfolio als Ziel vorzugeben. Dies funktioniert auch dann, wenn die Anteilsinhaber große Unterschiede in ihrer Risikoaversion aufweisen; denn ihre eigene Risikoaversion können sie dadurch berücksichtigen, wie sie den Fonds mit der risikolosen Anlage kombinieren.

Portfoliotheorie in der Praxis

Die Portfoliotheorie ist eine der großen Erfolgsgeschichten der Finanzierungstheorie. Sie finden kaum eine Fondsgesellschaft oder einen Finanzberater, die nicht davon sprechen, in ihren Entscheidungen oder Empfehlungen nach den Grundsätzen der modernen Portfoliotheorie zu handeln.

Die praktische Umsetzung ist aber nicht ganz unproblematisch. Schwierig ist dabei nicht die rechnerische Bestimmung der Effizienzlinie. Dafür gibt es spezielle Software, die die Aufgabe bequem erledigt. Eine der Schwierigkeiten ist vielmehr die Bestimmung der Inputparameter: Erwartete Renditen, Varianzen und Kovarianzen. Gewöhnlich hat man zwar für die in Frage kommenden Anlagen historische Kurse und kann aus den historischen Durchschnittsrenditen, Varianzen und Kovarianzen die benötigten Parameter schätzen. Doch diese Schätzer sind recht ungenau, wie wir in Kapitel 3 am Beispiel der Durchschnittsrendite gesehen haben. Man weiß daher nicht, ob die ermittelten effizienten Portfolios wirklich effizient sind. Dies ist auch der Grund, warum man sich in der Bestimmung des Tangentialportfolios bzw. der Effizienzlinie im Allgemeinen nicht einig ist: Mit unterschiedlichen Annahmen kommt man zu unterschiedlichen Ergebnissen, und Fondsgesellschaften und Vermögensberater stehen im Wettbewerb um Kunden, die sie davon zu überzeugen suchen, dass sie aufgrund überlegener Analysten, Fondsmanager oder Methodenkenntnissen effizienter investieren als andere.

Ein weiteres Problem ist die Bestimmung der individuellen Risikoeinstellung. Auch Kenner der Portfolio- und Entscheidungstheorie tun sich schwer, für sich ein γ für eine Zielfunktion wie $U = \mu - \gamma\sigma^2$ zu bestimmen. Finanzdienstleister versuchen, durch Fragebögen herauszufinden, ob Investoren eher weniger oder stärker risikoscheu sind. Meist wird man daraufhin als einer von drei oder vier Anlegertypen klassifiziert und eine entsprechende Empfehlung wird ausgesprochen. Dies mag grob erscheinen, ist aber trotzdem sinnvoll. Angesichts der Schwierigkeit der Ermittlung individueller Risikoeinstellungen ist es auch fraglich, ob eine feinere Einteilung den Nutzen erhöhen würde.

Ein weiterer, für die Anwendung wichtiger Punkt wurde bislang nicht explizit angesprochen: Will man sein eigenes Vermögen gemäß der Portfoliotheorie optimal investieren, darf man eigentlich nicht nur an freies Geldvermögen denken. Das Vermögen eines Menschen umfasst viel mehr: Hierzu gehört das Humankapital (der Barwert des zukünftigen, von einem Menschen erzielbaren Einkommens), Immobilienbesitz, oder auch zu erwartende Erbschaften. Oft sind diese Vermögensbestandteile viel größer als das freie Geldvermögen. Sie unterliegen auch Risiken, haben erwartete Renditen und sollten ebenso wie Aktien und andere Wertpapiere bei der Portfolioselektion berücksichtigt werden. Allerdings kann es dafür noch schwieriger sein, die Parameter zu bestimmen (Fragen Sie sich einfach mal, welche Varianz der Barwert ihres zukünftigen

Einkommens hat!). Dies mag einer der Gründe sein, warum die sonstigen Vermögens-bestandteile bei der Finanzplanung oft nicht explizit modelliert werden. Von einigen Finanzberatern werden Sie aber zumindest implizit berücksichtigt: Die Empfehlungen hängen ab vom Immobilienbesitz oder auch vom Alter (da das Humankapital junger Menschen in der Regel höher und auch riskanter als das älterer Menschen ist).

Fondsmanager, denen man den Auftrag gibt, möglichst effiziente Portfolios zusammen-zustellen, sollte man auch daran messen, wie gut sie dieses Ziel erreichen. Genau das wird in der Praxis mithilfe der Sharpe Ratio, die nach William F. „Bill" Sharpe (Nobel-preis 1990) benannt ist, getan. Sie ist für ein Portfolio *i* definiert als

$$Sharpe\ Ratio = \frac{\mu_i - R_f}{\sigma_i}$$

Also erwartete Rendite über dem risikolosen Zins geteilt durch Standardabweichung. Die Differenz zwischen Rendite einer riskanten Anlage und risikolosem Zins wird übri-gens auch als Risikoprämie oder Überschussrendite bezeichnet; und als Standardab-weichung wählt man für die Sharpe Ratio die Standardabweichung der Überschussren-diten.

Wenn wir uns an die Ergebnisse von oben erinnern, erkennen wir, dass die Sharpe Ratio gerade die Steigung der Geraden ist, die die risikolose Anlage mit dem Portfolio *i* ver-bindet. Je höher die Sharpe Ratio, desto steiler verläuft die mit Portfolio *i* erzeugbare Effizienzlinie, und desto attraktiver ist das Portfolio. Schauen wir noch mal auf Abb. 4.5 erkennen wir auch, dass die Portfolios auf der Effizienzlinie die höchste Sharpe Ratio besitzen. Die Sharpe Ratio ist daher ein geeignetes Maß dafür, wie effizient ein Manager investiert. Ermittelt wird sie in der Regel auf Basis vergangener Renditen. Für $\mu - R_f$ setzt man den Durchschnitt historischer Überschussrenditen an, für σ deren historisch beobachtete Volatilität.

4.3   Das Capital Asset Pricing Modell (CAPM)

Ziele und Annahmen

Bisher hatten wir die Risiko-Rendite-Eigenschaften von Anlagen immer als gegeben an-genommen. Jetzt wollen wir Kapitalmarkttheorie betreiben, d.h. aufspüren, welche Zu-sammenhänge dahinter verborgen sind.

Das bekannteste Kapitalmarktmodell ist das maßgeblich von Bill Sharpe entwickelte Capital Asset Pricing Modell (CAPM). Es baut im Wesentlichen auf den Annahmen der Portfoliotheorie auf. Die zentralen sind: Risikoscheu; μ-σ-Präferenzen; Anlagehorizont

eine Periode; Anlage- und Kreditmöglichkeit zum risikolosen Zins; das einzige relevante Risiko ist das Risiko der Investmentanlagen.[24] Zusätzlich werden wir hier noch
eine Annahme treffen: Alle Investoren haben übereinstimmende („homogene") Erwartungen über Rendite und Risiko von Anlagen. Nun haben wir im Abschnitt über die Anwendung der Portfoliotheorie gerade angeführt, dass Menschen in der Regel zu unterschiedlichen Schätzern für Rendite und Risiko kommen. Wir wollen die Annahme der
homogenen Erwartungen trotzdem übernehmen. Zum einen kann man das CAPM in
seinen Grundzügen auch ableiten, wenn die Annahme nicht gilt – es ist nur schwieriger.
Die Annahme ist daher nicht so problematisch. Zum anderen gibt es gewichtige Gründe
dafür, dass Menschen im Gleichgewicht einer Meinung sein sollten - die Annahme passt
also gut mit einem Gleichgewichtsmodell zusammen. Wie das, werden Sie fragen, wo
doch jeder unterschiedliche Informationen und Meinungen besitzt. Nun, man sollte immer versuchen, so viele Informationen wie möglich zu sammeln, und dazu gehören
auch die anderer Menschen. Zwar geben diejenigen, die wertvolle Informationen besitzen, sie oft nicht gerne preis. Man kann jedoch versuchen, aus dem Verhalten der Menschen auf ihre Informationen zu schließen. Zum Beispiel kann man etwas über die Meinung eines Fondsmanagers lernen, wenn man beobachtet, welche Aktien er kauft bzw.
verkauft (dies kann jeder im Abstand von sechs Monaten aus den Fondsberichten erse-
hen). So sollte sich ein Prozess gegenseitigen Lernens entwickeln, an dessen Ende alle
die gleichen Erwartungen haben. Natürlich beobachten wir dies in der Praxis nicht -
weil immer neue Informationen auf den Markt kommen und der Lernprozess somit nie
an sein Ende gerät. Mit dem CAPM, welches ein Einperiodenmodell ist, bei dem gedanklich ein Anpassungsprozess zum Gleichgewicht vorgeschaltet ist, passt es jedoch ganz
gut zusammen.

Vom Tangentialportfolio zum Marktportfolio

Wenn alle Investoren dieselben Erwartungen besitzen, so zeichnen sie alle dieselbe Effizienzlinie. Damit ist auch das Tangentialportfolio in seiner Struktur (Verhältnis der
Marktwerte untereinander) identisch. Alle Investoren möchten die riskanten Anlagen
in ihrem Portfolio daher so zusammenstellen, wie es der Gewichtung im Tangentialportfolio entspricht. Die ist im Gleichgewicht aber nur möglich, wenn das Tangentialportfolio genau der Struktur aller vorhandenen Anlagemöglichkeiten entspricht. Sonst
gäbe es eine Überschussnachfrage nach manchen Anlagen, ein Überschussangebot an
anderen.

Das Tangentialportfolio kann somit auch als Marktportfolio bezeichnet werden. Es ist
das Portfolio, dessen Gewichtungen denen entsprechen, die Sie am Markt beobachten.

---

[24] In Abweichung davon wird es im praktischen Leben z.B. oft so sein, dass das zuünftige Ar-
beitseinkommen unsicher ist.

Auf einen Wochenmarkt übertragen könnte das Marktportfolio zum Beispiel dadurch charakterisiert sein, dass es über alle Stände hinweg zehnmal mehr Äpfel als Birnen gibt. Wenn am Ende des Tages alles leergekauft und jeder Marktbesucher happy sein soll, funktioniert dies nur, wenn die Marktbesucher im Schnitt zehnmal mehr Äpfel als Birnen kaufen wollen– also mit dem Marktportfolio in der Tasche nach Hause gehen.

Die Gleichheit von Tangentialportfolio und Marktportfolio wird im CAPM durch die sogenannte Kapitalmarktlinie illustriert (vgl. Abb. 4.6). Sie beschreibt die effizienten Anlagemöglichkeiten. Sie unterscheidet sich letztlich nur dadurch von den Ergebnissen der Portfoliotheorie, dass wir aufgrund unserer Gleichgewichtsüberlegungen nun das Tangentialportfolio durch das Marktportfolio ersetzen. Die Kapitalmarktgerade ist beschrieben durch:

$$\mu = R_f + \frac{\mu_M - R_f}{\sigma_M} \sigma \tag{4.12}$$

wobei μ_M für die erwartete Rendite des Marktportfolios steht, σ_M für die Standardabweichung der Rendite des Marktportfolios.

Abb. 4.6 Die Kapitalmarktgerade: effiziente Rendite-Risiko-Kombinationen bei Kombination der risikolosen Anlage mit dem Marktportfolio

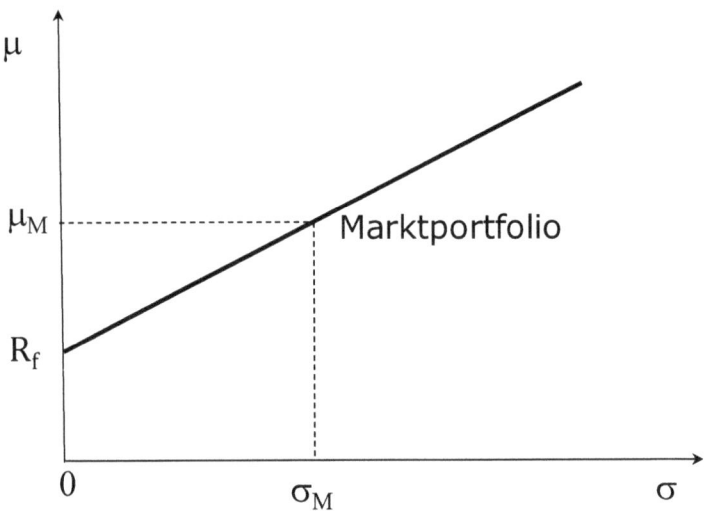

Eine wichtige Implikation ist, dass man als Investor wenig Arbeit damit hat, den riskanten Teil seines Portfolios richtig zusammenzustellen. Man muss eine einzelne Anlage einfach entsprechend ihres Anteils an allen verfügbaren Anlagen gewichten. Viele Indizes wie der DAX oder der S&P 500 machen genau das: sie gewichten Aktien oder andere Wertpapiere auf Basis ihrer Marktkapitalisierung. Als Anleger kann man sein Geld daher in marktkapitalisierungsgewichtete Indizes investieren – z.B. über ETFs (Exchange Traded Funds), die Indizes beinahe perfekt und kostengünstig nachbilden.

Die Differenz zwischen erwarteter Marktrendite und risikolosem Zins, $\mu_M - R_f$, wird als Marktrisikoprämie bezeichnet. Sie hängt im Gleichgewicht davon ab, wie riskant das Marktportfolio ist und wie risikoavers die Anleger im Durchschnitt sind. Je riskanter das Marktportfolio und je risikoaverser die Anleger, desto höher wird die Marktrisikoprämie sein. Spezielle Ausgestaltungen des CAPM zeigen, wie dieser Zusammenhang genau aussehen kann. Wir konzentrieren uns hier darauf, wie hoch die Rendite einzelner Anlagen abhängig von ihrem Risiko sein sollte. Dies ist Gegenstand des nächsten Abschnitts.

Individuelles Risiko und Rendite

Um zu bestimmen, wie sich das Risiko einzelner Anlagen zu deren Rendite im Gleichgewicht verhält, schauen wir uns zunächst an, wie sich Rendite und Risiko eines Portfolios ändern, wenn wir einen Kredit aufnehmen, um k Prozentpunkte mehr in Anlage i zu investieren. Nehmen wir an, wir sind momentan im Marktportfolio investiert und kaufen nun auf Kredit die Anlage i. Die erwartete Rendite unseres neuen Portfolios ist

$$\mu = \mu_M + k(\mu_i - R_f) \tag{4.13}$$

Die Varianz unseres neuen Portfolios ist:

$$\sigma^2 = \sigma_M^2 + k^2\sigma_i^2 + 2k\sigma_{Mi} \tag{4.14}$$

Wie würde sich unsere Portfoliovarianz ändern, wenn wir aktuell das Marktportfolio halten, aber dann ganz wenig in die Anlage i investieren? Wir leiten dazu die Varianz nach k ab:

$$\frac{d\sigma^2}{dk} = 2k\sigma_i^2 + 2\sigma_{Mi} \tag{4.15}$$

und ermitteln den Wert der Ableitung an der Stelle k=0, denn wir wollen ja vom Marktportfolio ausgehen, in dem k=0 gilt:

$$\left.\frac{d\sigma^2}{dk}\right|_{k=0} = 2\sigma_{Mi} \tag{4.16}$$

Wir sehen, dass der marginale Beitrag einzelner zusätzlicher Anlagen zum Portfoliorisiko allein von der Kovarianz abhängt. Intuitiv kann man sich das so erklären, dass das unsystematische Risiko wegdiversifiziert wird, so lange es nur klein genug ist – aber genau das stellen wir dadurch sicher, dass wir marginale Änderungen betrachten. Der marginale Beitrag zur erwarteten Rendite ist übrigens $\mu_i - R_f$ (man leitet dazu (4.13) nach k ab).

Wir wollen nun dieses Ergebnis verwenden, um eine Gleichgewichtsbedingung für Risiko und Rendite abzuleiten. Laut CAPM halten die Investoren das Marktportfolio. Ein Gleichgewicht ist dadurch gekennzeichnet, dass es sich für niemand lohnt, etwas, und sei es auch das Geringste, an seinem Portfolio zu ändern. Das ist genau dann der Fall, wenn bei allen Anlagen der marginale Renditebeitrag und der marginale Risikobeitrag im gleichen Verhältnis zueinander stehen. Wäre dies nicht so, würde man Aktien kaufen, bei denen das Verhältnis Rendite- zu Risikobeitrag hoch ist, und andere im gleichen Umfang verkaufen. Marginale Rendite- und Risikobeiträge haben wir gerade abgeleitet. Im Gleichgewicht muss daher gelten:[25]

$$\frac{\mu_i - R_f}{\text{Cov}(R_i, R_M)} = \frac{\mu_j - R_f}{\text{Cov}(R_j, R_M)} \tag{4.17}$$

Insbesondere gilt auch, dass das Verhältnis Risikoprämie zu Risiko bei jeder Anlage gleich dem entsprechenden Verhältnis des Marktportfolios ist – sonst würde man ja eine Anlage relativ zum Marktportfolio über- oder untergewichten wollen:

$$\frac{\mu_i - R_f}{\text{Cov}(R_i, R_M)} = \frac{\mu_M - R_f}{\text{Cov}(R_M, R_M)} \tag{4.18}$$

Die Kovarianz des Marktrendite mit sich selbst ist aber deren Varianz:

$$\frac{\mu_i - R_f}{\text{Cov}(R_i, R_M)} = \frac{\mu_M - R_f}{\text{Var}(R_M)} \tag{4.19}$$

Nun müssen wir nur noch nach μ_i auflösen und erhalten die zentrale Gleichung des CAPM, die Wertpapiermarktlinie:

---

[25] Der marginale Beitrag ist eigentlich 2 σ_{Mi}, doch die 2 kürzt sich in der Gleichung raus.

$$\mu_i = R_f + \frac{\text{Cov}(R_i, R_M)}{\text{Var}(R_M)}(\mu_M - R_f) = R_f + \beta_i(\mu_M - R_f) \qquad (4.20)$$

Laut CAPM ist die erwartete Rendite einer Anlage im Gleichgewicht die Summe aus dem risikolosen Zinssatz und einer Risikoprämie, die sich als Produkt aus der Marktrisikoprämie und dem Beta der Anlage, das wir in Kapitel 3 kennengelernt haben, ergibt. Graphisch lässt sich die Wertpapiermarktlinie in ein μ-β-Diagramm einzeichnen (Abb. 4.7).

Abb. 4.7 Die Wertpapiermarktlinie: Kombinationen von erwarteter Rendite und Beta

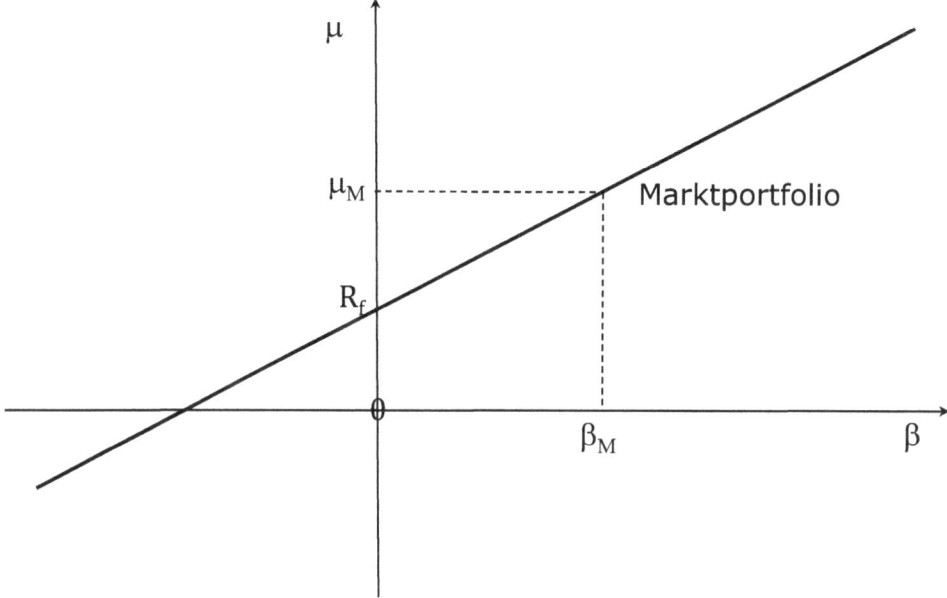

Eine direkte Implikation der Gleichung der Wertpapiermarktlinie ist, dass das unsystematische Risiko für die Bewertung und die erwartete Rendite einer Anlage irrelevant ist. Oder anders formuliert: die Varianz einer Anlage ist nur ein ungenaues Maß für das relevante Risiko. Relevant ist allein das systematische Risiko.

Dies mag auf den ersten Blick verwundern. Wir nehmen doch an, dass Investoren auf die Varianz schauen, trotzdem soll nur der Teil der Varianz eine Rolle spielen, der systematisch ist? Die Lösung des scheinbaren Widerspruchs besteht darin, dass – wie wir gesehen haben – das unsystematische Risiko in einem Portfolio keine Rolle spielt, wenn Investoren überlegen, ob sie von einer Aktie etwas mehr oder weniger halten sollen.

Daher muss das unsystematische Risiko auch nicht durch mehr Rendite kompensiert werden. Etwas konkreter noch: Wenn es so wäre, dass Aktien mit höherem unsystematischen Risiko eine höhere Rendite aufwiesen, würde es sich lohnen, diese Aktien in großem Stil zu kaufen und in einem Portfolio zusammenzustellen. Das unsystematische Risiko würde wegdiversifiziert, die höhere Rendite bliebe. Da dies alle Marktteilnehmern machen würden, kann es kein Gleichgewicht sein.

Eine andere Intuition für die Bedeutung des systematischen Risikos ist folgende: Risikoaversion bedeutet, dass eine mögliche Verschlechterung der Konsummöglichkeiten schwerer wiegt als eine mögliche Verbesserung in gleicher Höhe. Das ergibt sich aus der Konkavität der Nutzenfunktion (vgl. Kapitel 3). Wenn risikoaverse Investoren eine einzelne Anlage beurteilen, so tun sie dies daher insbesondere danach, wie sie das Risiko einer Verschlechterung der Konsummöglichkeiten beeinflusst. Eine Anlage mit hohem Beta wird in schlechten Zeiten tendenziell relativ schlecht abschneiden. Das macht sie von der Risikoseite her unattraktiv, weil sie eine schlechte Situation noch schlechter macht. Damit die Anlage im Gleichgewicht trotzdem von Investoren gehalten wird, muss sie eine relativ hohe Rendite versprechen.

CAPM in der Praxis

Parameterwahl

Die Gleichung der Wertpapiermarktlinie kann man verwenden, um erwartete Renditen für beliebige Anlageformen zu bestimmen. Dazu muss man jedoch erst einmal die Parameter der Gleichung bestimmen. Das Beta kann man aus einer Regression vergangener Renditen der Anlage auf die Rendite eines Marktindex schätzen. Eigentlich sollte der Marktindex alle verfügbaren Anlageformen umfassen – einen solchen gibt es aber nicht. Zu viele Anlageformen (wie Humankapital, Immobilien) werden nicht an Börsen gehandelt, weshalb es auch keine Indizes dafür gibt. In der Praxis zieht man daher oft einen breiten Aktienmarktindex heran, in Deutschland etwa den CDAX. Die Regressionsgleichung wird man folgendermaßen aufstellen, wenn man für Periode t das Beta bestimmen will:

$$R_{i,t-k} - R_{f,t-k} = \beta_i \left(R_{M,t-k} - R_{f,t-k} \right) + u_{i,t-k}, \quad k = 1, \ldots, K \tag{4.21}$$

Wie weit man dabei in die Vergangenheit geht (in der Gleichung bestimmt dies das K), und welche Periodenlänge man heranzieht, ist eine Frage, für die die Theorie wenig Anhaltspunkte liefert. In der Praxis sind folgende Varianten üblich: Regressionen mit 60 Monatsrenditen (d.h. fünf Jahre zurück), mit 52 Wochenrenditen, 250 oder 30 Tagesrenditen. Als Zinssatz R_f kann man die Verzinsung von Staatsanleihen oder Zinsen aus dem Interbankenmarkt heranziehen, die die gleiche Fristigkeit haben wie die betreffende Periode der Regression (für die Periode 31.12.2018-31.01.2019 würde man etwa Zinsen für Monatsgeld vom 31.12.2018 verwenden).

Oft spart man sich auch den risikolosen Zins und lässt folgende Regression laufen:

$$R_{i,t-k} = \alpha_i + \beta_i R_{M,t-k} + u_{i,t-k}, \quad k = 1, \dots, K \tag{4.22}$$

Wenn der Zins über die betrachtete Periode in der Vergangenheit konstant war und das CAPM gilt (d.h. $\alpha_i = R_f(1 - \beta_i)$), erhält man mit dieser Regression (4.22) dasselbe Beta wie mit der Regression (4.21). Wenn der Zins nicht konstant war, werden die Unterschiede in aller Regel klein sein. Daher wird die etwas einfachere Variante (man braucht den risikolosen Zins nicht) oft bevorzugt.

In der Gleichung der Wertpapiermarktlinie (4.20) taucht das R_f auch noch mal explizit auf. Hier muss man den aktuellen Zinssatz einsetzen, wofür man oft kurzfristige Zinsen nimmt. Manche Anwender setzen dafür aber auch die Rendite langfristiger Staatsanleihen (z.B. zehnjährige an). Ihre Begründung lautet, dass sie Renditeprognosen für längere Horizonte abgeben wollen. Die Uneinigkeit rührt daher, dass das CAPM eigentlich ein Einperiodenmodell ist, man aber in der Anwendung implizit unterstellt, dass es über viele Perioden gilt. Manche versuchen diesem Widerspruch dadurch zu begegnen, dass sie längerfristige Zinsen ansetzen. Ob dies besser ist oder nicht, kann man letztlich nur durch eine Modellerweiterung und empirische Tests zu beantworten versuchen. Außerdem sollte man sich bewusst sein, dass eine langfristige Staatsanleihe nicht wirklich risikolos ist, da man die Inflation über die Laufzeit oft schwer abschätzen kann und daher nicht weiß, was real (nach Abzug der Inflation) übrig bleibt. Auf kurze Frist ist dies Problem viel geringer, da die Inflation auf kurze Frist besser zu prognostizieren ist.

Bleibt noch die Marktrisikoprämie. Dafür zieht man meist historische Durchschnittsrenditen von Aktienmarktindizes heran, wie wir sie in Kapitel 3 besprochen haben. Auch hier gilt, dass die Wahl des Zeitraums dem Anwender überlassen bleibt. Zudem könnte man versuchen, aktuelle Entwicklungen bei der Schätzung der Marktrisikoprämie zu berücksichtigen. Ist man z.B. der Meinung, dass Investoren aktuell weniger risikoavers sind als in der Vergangenheit, würde man die Risikoprämie etwas niedriger ansetzen als den historischen Durchschnitt. Übliche Werte für die Marktrisikoprämie liegen zwischen 4% und 6%.

Ein konkretes Anwendungsbeispiel finden Sie in der nächsten Box – für Siemens.

Anwendung
Die Eigenkapitalkosten der Siemens AG sollen mit dem CAPM bestimmt werden.

Schätzungen für das Beta der Siemens AG findet man z.B. in Finanzportalen im Internet. Wir können, sofern die Daten vorhanden, das Beta auch selbst durch eine Regression von Siemens-Renditen auf CDAX-Renditen ermitteln. Bei Verwendung von Wochenrenditen der zwölf Monate bis März 2022 ergibt sich das rechts gezeigte Bild mit

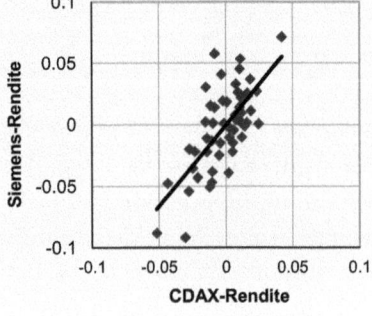

Beta von Siemens vs. CDAX = 1,32

Für den risikolosen Zinssatz R_f können wir z.B. die Rendite von Bundesanleihen mit 1 Jahr Restlaufzeit heranziehen. Sie betrug Ende März 2022 –0,48%.

Nun müssen wir noch die Marktrisikoprämie schätzen. Hier sind verschiedene Ansätze und Informationsquellen möglich. In Kapitel 2 hatten wir gesehen, dass 6% eine plausible erwartete Rendite für den DAX sind. Setzen wir 6% ein, erhalten wir für die Eigenkapitalkosten von Siemens:

$$= -0,0048 + 1,32 \times (0,06 - (-0,0048)) = 8,07\%$$

Empirische Tests

Nachdem das CAPM entwickelt worden war, hat man sich auch bald gefragt, ob es denn das, was wir auf Wertpapiermärkten beobachten, auch gut beschreibt. Die zentrale Implikation des CAPM ist, dass Wertpapiere mit hohem Beta eine höhere erwartete Rendite haben.[26] Erwartete Renditen kann man schwer beobachten. Aber eine Aktie, die eine hohe erwartete Rendite hat, sollte im Durchschnitt auch eine höhere realisierte Rendite aufweisen. Ein wichtiger Test des CAPM besteht also darin zu überprüfen, ob Aktien mit hohen Betas höhere Renditen erzielen als solche mit niedrigen.

Für solche Tests ermittelt man Aktienbetas wie oben beschrieben, und zwar getrennt für viele Stichtage. An jedem Stichtag gruppiert man dann die Aktien nach der Höhe der Betas in Gruppen, z.B. in zehn, wobei die erste Gruppe die niedrigsten Betas hat, die

---

[26] Manche würden sagen: Die zentrale Implikation des CAPM ist, dass das Marktportfolio effizient ist. Haben wir ja oben schon gesehen (Tangentialportfolio=Marktportfolio!). Wie man im Rahmen allgemeinerer Ansätze der Kapitalmarkttheorie zeigen kann, ist dies äquivalent zur Existenz der Wertpapiermarktlinie.

zehnte die höchsten. Dann bildet man über die Renditen, die man für die Aktien der einzelnen Gruppen vom jeweiligen Stichtag zum nächsten ermittelt hat, den Durchschnitt, und mittelt diese Durchschnitte dann wieder über die Zeit. Das Gleiche macht man für die Betas der einzelnen Gruppen. Die Durchschnittsrenditen vergleicht man am besten mit der erwarteten Wertpapiermarktlinie. Dazu reicht es, die Marktrisikoprämie zu schätzen, was wir hier mit der durchschnittlichen Rendite eines breiten US Aktienmarktportfolios machen und zusammen mit einem Beta von 1 in die Gleichung der Wertpapiermarktlinie einsetzen.

Die folgende Abbildung (Abb. 4.8) zeigt, was bei einer solchen Untersuchung für den US-amerikanischen Aktienmarkt herauskommt, wenn man Daten der Jahre 1964 bis 2021 heranzieht:[27]

Abb. 4.8 Durchschnittliche Renditen in Abhängigkeit vom durchschnittlichen Beta (USA, 1963-2021)

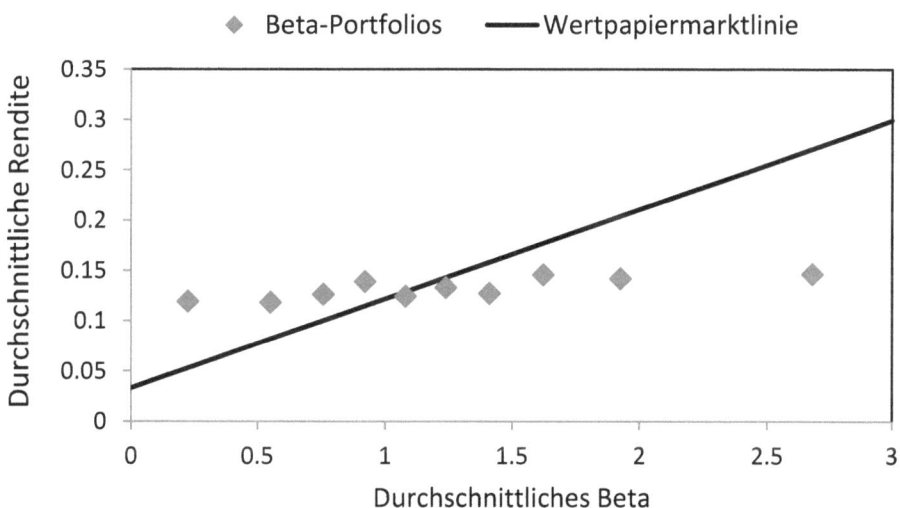

Um es kurz zu machen: Es ist so gut wie kein Zusammenhang zwischen Beta und Renditen zu erkennen. Die Wertpapiermarktlinie, die gemäß CAPM gelten sollte, ist viel steiler als der Anstieg der tatsächlich beobachteten Renditen. Die Ergebnisse sind nicht untypisch.

---

[27] Die verwendeten Daten sind verfügbar auf der Webseite von Ken French: http://mba.tuck.dartmouth.edu/pages/faculty/ken.french/data_library.html

Einige Wissenschaftler folgern daraus, dass das CAPM empirisch versagt und daher nicht brauchbar ist, um erwartete Renditen zu bestimmen. Andere verweisen darauf, dass es auch über einen Zeitraum von vielen Jahren sein kann, dass man die CAPM-Gleichung in den Daten nicht bestätigt sieht. Denn Durchschnittsrenditen können stark von erwarteten abweichen, das haben wir in Kapitel 3 gesehen. Dann aber würde es trotzdem sinnvoll sein, das CAPM heute anzuwenden. Denn man verwendet es ja heute, um erwartete Renditen zu bestimmen, nicht um realisierte Renditen der letzten Jahre zu erklären. Wieder andere verweisen darauf, dass das CAPM einfach deshalb nicht gelten kann, weil es viele vereinfachende Annahmen (μ-σ-Präferenzen; Einperioden-Analyse; für Anleger ist nur das Risiko aus Investments relevant) trifft. Allerdings zeigen Modellerweiterungen, dass die zentrale Implikation des CAPM auch bei Verallgemeinerungen des Modells erhalten bleibt: Für die erwartete Rendite ist nur das systematische Risiko relevant, das unsystematische nicht.

Halten wir fest: Ergebnisse wie die aus Abb. 4.8 sind alles andere als ermutigend aber nicht unbedingt ein Todesstoß für das CAPM. Es hat daher seine Berechtigung, wenn das CAPM in der Praxis nach wie vor zur Ermittlung von erwarteten Renditen verwendet wird. Es wird von Banken, Wirtschaftsprüfern und anderen eingesetzt. Wofür, wollen wir uns im nächsten Abschnitt anschauen.

Anwendungen des CAPM

Das CAPM liefert erwartete Renditen. Die erwartete Rendite einer Aktie ist aber gleich den Eigenkapitalkosten – das haben wir in Kapitel 2 gesehen. Daher kann man das CAPM auch für die Bestimmung von Eigenkapitalkosten verwenden, und dies ist auch die häufigste Verwendung des CAPM.

Verschiedene Umfragen unter Finanzvorständen belegen die Popularität des CAPM. Bei einer Umfrage unter amerikanischen Finanzvorständen ergab sich zum Beispiel, dass über 70% der Befragten das CAPM für die Ermittlung der Eigenkapitalkosten heranziehen.[28] Das Dividenden-Diskontierungsmodell, das wir in Kapital 2 kennengelernt haben, gaben aber immerhin noch knapp 15% an. Unter den anderen genannten Methoden befindet sich unter anderem die, nach der man die Eigenkapitalkosten gleich der durchschnittlichen historischen Aktienrendite eines Unternehmens setzt.

Warum ist das CAPM viel populärer als andere Methoden? Ein wichtiger Grund liegt darin, dass man das Modell allein mit Vergangenheitsdaten füttern kann, also nicht

---

[28] **Siehe:** Graham, J. R., & Harvey, C. R. (2001). The theory and practice of corporate finance: Evidence from the field. *Journal of Financial Economics 60*, 187-243. Jüngere Untersuchungen bestätigen dieses Bild, z.B. Bancel, F., & Mittoo, U. R. (2014). The gap between the theory and practice of corporate valuation: Survey of European experts. *Journal of Applied Corporate Finance 26*, 106-117.

etwa wie beim Dividenden-Diskontierungsmodell Prognosen für alle Ewigkeit anstellen muss. Natürlich darf dies nicht darüber hinwegtäuschen, dass man im CAPM implizit Prognosen anstellt, nämlich die, dass die vergangenen Werte auch für die Zukunft gültig sind. Dies ist bei den Betas weniger problematisch als bei der Marktrisikoprämie, da man Betas statistisch genauer bestimmen kann. Wenn man aber beim CAPM das Problem hat, die Marktrisikoprämie zu bestimmen, warum ist es dann im Vorteil gegenüber der Methode, bei der man gleich direkt den individuellen Renditedurchschnitt einer Aktie annimmt? Da einzelne Aktien aufgrund ihres unsystematischen Risikos stärker schwanken als der Marktindex, ist ihre Durchschnittsrendite auch ein viel ungenauerer Schätzer der erwarteten Rendite.

Bei Unternehmen, die nicht an der Börse notiert sind, kann man das Beta nicht aus historischen Kursen schätzen. Hier zieht man oft die Betas vergleichbarer, börsennotierter Unternehmen heran, z.B. die von Unternehmen aus derselben Branche. Dabei sollte man Unterschiede im Verschuldungsgrad berücksichtigen. Verschuldung erhöht das Risiko der Eigenkapitalgeber – das haben wir in Kapitel 2 gesehen. Damit erhöht sich auch das systematische Risiko. Man kann dies berücksichtigen, indem man das Beta des Unternehmens (=Asset-Beta) ermittelt. Es erfasst, wie der Marktwert des Unternehmens (Eigenkapital plus Fremdkapital) auf Veränderungen des Marktindex reagiert. Das ganze Unternehmen kann als Portfolio aus dem Eigenkapital und dem Fremdkapital angesehen werden; das Portfoliobeta ist aber der gewogene Durchschnitt der Einzelbetas. Daher ist das Unternehmensbeta – β_A für Asset-Beta - definiert über:

$$\beta_A = \frac{EK}{EK + FK}\beta_{EK} + \frac{FK}{EK + FK}\beta_{FK} \qquad (4.23)$$

β_{EK} bezeichnet hier das Beta des Eigenkapitals, also das Beta einer Aktie. Es ist das Beta, das wir in unsere Formeln einsetzen würden, wenn wir die erwartete Rendite einer Aktie bestimmen wollen.

Betrachten wir der Einfachheit halber den Fall, dass das Fremdkapital risikolos ist. Sein Beta ist dann null und es gilt:

$$\beta_A = \frac{EK}{EK + FK}\beta_{EK} \qquad (4.24)$$

Stellen wir uns vor, wir haben zwei Unternehmen, 1 und 2, beide mit risikolosem Fremdkapital. Das Beta von 1 soll als Schätzer für das Beta von 2 herangezogen werden. Wir gehen folgendermaßen vor:

- ☐ Ermittle mit Aktienrenditen von 1 dessen Eigenkapitalbeta $\beta_{EK,1}$

- ☐ Ermittle das Asset-Beta von 1 mit der Formel $\beta_{A1} = \dfrac{EK_1}{EK_1 + FK_1}\beta_{EK,1}$

- ☐ Unterstelle Vergleichbarkeit und setze das Asset-Beta von 2 gleich dem Asset-Beta von 1: $\beta_{A1} = \beta_{A2}$

- ☐ Ermittle das Aktienbeta von 2: $\beta_{EK,2} = \dfrac{EK_2 + FK_2}{EK_2}\beta_{A,1}$

Die letzte Formel ist Formel (4.24) aufgelöst nach β_{EK}.

Eine weitere wichtige Anwendung des CAPM findet man in der Performancemessung von Fondsmanagern. Investoren wünschen sich ja eine möglichst hohe Rendite. Allerdings zeigt das CAPM, dass es einen einfachen Weg gibt, um in Erwartung hohe Renditen zu erzielen: Man muss nur Aktien mit hohen Betas wählen. Das ist keine Leistung, für die man als Investor hohe Gebühren an eine Fondsgesellschaft zahlen sollte. In der Performancemessung versucht man daher, den Renditeteil zu identifizieren, der nicht auf das Eingehen systematischer Risiken zurückgeht.

Dies kann man mit einer Regression tun, die ganz ähnlich der ist, mit der man Betas ermittelt. Man verwendet Fondsrenditen R_i der Vergangenheit und führt folgende Regression durch

$$R_{i,t-k} - R_{f,t-k} = \alpha_i + \beta_i\left(R_{M,t-k} - R_{f,t-k}\right) + u_{i,t-k}, \quad k = 1, \dots, K \qquad (4.25)$$

Laut CAPM sollte die Konstante in dieser Regression, das α_i, null sein. Renditen hängen in Erwartung alleine vom systematischen Risiko ab, es gibt keine Aktien, die aus einem anderen Grund eine höhere oder niedrigere erwartete Rendite haben sollten, was in der Konstante aufgefangen würde.

Wenn das CAPM allerdings nicht gilt, könnte die Konstante ungleich null sein. Anlagen mit positivem α wären unterbewertet (ihr Preis ist relativ zum CAPM zu niedrig, weshalb die Rendite zu hoch ist), solche mit negativem α wären überbewertet. Kann ein Fondsmanager Über- und Unterbewertungen erkennen, wird er überbewerte Aktien vermeiden und unterbewertete kaufen. Als Ergebnis wird auch seine Fondsrendite ein positives α aufweisen. Nach Michael Jensen, der diese Analyse vorschlug, wird das mit (4.25) ermittelte α Jensens Alpha genannt.

Wie verhält sich Jensens Alpha zur Sharpe Ratio, die wir ebenfalls als Indikator für Performance kennen gelernt haben? Mit dem Sharpe Ratio wird gemessen, wie effizient ein Fonds ist. Viele Fonds sind aber spezialisiert – z.B. auf Biotechnologie. Sie können daher gar nicht alle Diversifikationsmöglichkeiten ausnützen und damit auch nicht effizient sein. Es wäre unangemessen, sie mit dem Sharpe Ratio zu beurteilen. Jensens Alpha dagegen ist auch für spezialisierte Fonds ein faires Maß, da es den Grad der Diversifikation nicht berücksichtigt. Es korrigiert alleine die Übernahme systematischen Risikos.

Jensens Alpha kann man auch betrachten um zu analysieren, ob das CAPM die Renditen eines beliebigen Portfolios – z.B. eines Portfolios von Aktien mit kleiner Marktkapitalisierung – erklären kann. Wenn das Alpha von null verschieden ist, hat das CAPM ein Problem.

Zum Schluss ein Hinweis auf einen möglichen Fehler. Man könnte versucht sein, aus dem CAPM herzuleiten, dass Aktien mit hohem Beta attraktiv sind, denn sie bieten ja hohe erwartete Renditen. Das würde dem Geist des CAPM komplett widersprechen. Das CAPM ist ein Gleichgewichtsmodell. Wenn es gilt, sind alle Aktien korrekt bewertet. Aktien mit hohem Beta sind im CAPM nicht attraktiver. Ihre höhere Rendite entschädigt nur für ihr höheres Risiko.

Das CAPM und historische Renditen von Anlageklassen

Jetzt ist es auch an der Zeit, dass wir die Renditemuster aus Kapitel 3 mit dem CAPM in Verbindung bringen. Historisch gehen hohe Renditevarianzen tendenziell mit höheren Durchschnittsrenditen einher, aber das CAPM sagt uns, dass wir gar nicht auf die Renditevarianzen, sondern auf die Betas schauen sollten.

In der folgenden Tabelle führen wir daher neben den uns schon bekannten Werten für Durchschnittsrendite und Standardabweichung auch die für Beta und Jensens Alpha auf. Die beiden haben wir mit einem breiten Aktienmarktportfolio als Marktportfolio und den T-Bills als risikolose Anlage geschätzt. Deshalb tauchen auch die T-Bills in der Tabelle nicht auf. Die Daten wurden wie oben von Ken Frenchs Webseite genommen.

	Arithm. Durch-schnittsrendite	Standard-abweichung	Beta	Jensens Alpha
S&P	9,0%	19,7%	0,984	0,2%
Small Caps	13,4%	32,3%	1,418	0,8%
Corporate Bonds	3,5%	9,6%	0,082	2,4%
Treasury Bonds	3,0%	10,9%	0,013	2,5%

Der Renditeunterschied zwischen Small Caps und dem S&P 500 ist zum großen Teil durch das CAPM erklärbar. Small Caps haben im betrachteten Zeitraum von 1927-2021 ein deutlich höheres Beta als der S&P 500. Der durch das CAPM nicht erklärbare Teil der Small Cap Rendite ist mit 0,8% relativ klein.[29] Bei den Anleihen stimmt die Tendenz zwar auch. Sie haben kleinere Renditen und sehr niedrige Betas. Die Alphas sind aber vergleichsweise hoch. In Wissenschaft und Praxis wendet man das CAPM aber sowieso vorwiegend auf Aktien an.

CAPM, Dividendendiskontierung, Modigliani-Miller – wie passt das alles zusammen?

Wir haben gesehen, dass es verschiedene Methoden zur Bestimmung von Eigenkapitalkosten gibt. Diese können auch zu unterschiedlichen Ergebnissen führen. Bedeutet das nicht, dass manche Methoden „falsch" sind? Kann denn gleichzeitig das CAPM und die Dividenden-Diskontierung „richtig" sein? Ja, das geht. Bei der Dividenden-Diskontierung treffen wir keine Annahme darüber, wie sich die Eigenkapitalkosten bestimmen. Es kann durchaus sein, dass sich die Eigenkapitalkosten nach dem CAPM bestimmen. Die Dividenden-Diskontierung ist dann nur ein alternativer Weg zur Wertpapiermarktlinie, um die Kosten praktisch zu bestimmen. Dass man dabei zu unterschiedlichen Ergebnissen kommt, ist ganz natürlich, da man auf unterschiedlichen Wegen zu den Inputs kommt, mit denen man die Gleichungen füttert. Beim CAPM sind es Betas und Marktrisikoprämien, beim Dividenden-Diskontierungsmodell aktuelle Marktpreise und Dividendenerwartungen.

Und Modigliani-Miller? Erinnern wir uns: wir haben folgende Gleichung für die Eigenkapitalkosten eines verschuldeten Unternehmens abgeleitet:

$$e_V = e_U + (e_U - R_f)\frac{FK_V}{EK_V} \tag{4.26}$$

Wir wollen zeigen, dass die Gleichung der Wertpapiermarktlinie die Gleichung von Modigliani-Miller impliziert. Wir gehen von der CAPM-Gleichung aus, drücken das Eigenkapital-Beta als Funktion des Asset-Betas aus und arrangieren ein wenig um:

$$
\begin{aligned}
\mu &= R_f + \beta_{EK}(\mu_M - R_f) = R_f + \beta_A \frac{EK_V + FK_V}{EK_V}(\mu_M - R_f) \\
&= R_f + \beta_A(\mu_M - R_f) + \beta_A(\mu_M - R_f)\frac{FK_V}{EK_V} \\
&= R_f + \beta_A(\mu_M - R_f) + \left(R_f + \beta_A(\mu_M - R_f) - R_f\right)\frac{FK_V}{EK_V} \\
&= e_U + (e_U - R_f)\frac{FK_V}{EK_V}
\end{aligned}
\tag{4.27}
$$

---

[29] Das Alpha ist auch statistisch nicht signifikant von null verschieden. In anderen Datensätzen ist es freilich so, dass Small Caps bessere Renditen abwerfen als das CAPM vorhersagt.

Wobei wir im letzten Schritt erkennen, dass bei einem unverschuldeten Unternehmen das Eigenkapitalbeta gleich dem Asset-Beta ist, so dass $R_f + \beta_A(\mu_M - R_f)$ gleich der erwarteten Aktienrendite eines unverschuldeten Unternehmens ist, die wir bei Modigliani-Miller mit e_U bezeichnet haben.

Das CAPM führt somit auf die Modigliani-Miller-Gleichung. MM und CAPM passen zusammen. Auch im CAPM sind Eigenkapitalkosten eine lineare Funktion der Verschuldung; auch im CAPM ist der Unternehmenswert unabhängig vom Verschuldungsgrad.

***

Harry sagt immer:
Diversifiziere. Bill
macht's systematisch.

5 Unternehmensbewertung

Schlüsselbegriffe: Free cash flow, Discounted-Cash-Flow-Bewertung (DCF), weighted average cost of capital (wacc), relative Bewertung, Multiples.

5.1 Einleitung

Im September 2005 kaufte Ebay das 2003 gegründete Unternehmen Skype. Skype war zu dem Zeitpunkt zwar der weltgrößte Anbieter für Internettelefonie, machte bis dahin aber nur Verluste. Für 2005 erwartete Skype einen Umsatz von 60 Mio. Dollar. Ebay zahlte für Skype 2,6 Mrd. Dollar sofort, weitere 1,5 Mrd. waren später fällig, im Fall dass Skype bestimmte Ziele erreicht.

Wie kann man beurteilen, ob 2,6 bis 4,1 Mrd. Dollar ein guter Preis für ein Verlust machendes Unternehmen mit einem vergleichsweise geringen Umsatz sind? Wir wollen uns in diesem Kapitel die Methoden anschauen, die Investmentbankerinnen, Unternehmen, Fondsmanager, Wirtschaftsprüferinnen und andere verwenden, um Unternehmen zu bewerten. Eine solche Bewertung ist nicht nur in dem Fall interessant, in dem ein Unternehmen so wie Skype nicht an einer Börse notiert ist und somit kein Marktpreis verfügbar ist. Sie kann auch bei börsennotierten Unternehmen wertvolle Informationen liefern – etwa wenn ein Unternehmen ein anderes für eine Kaufgelegenheit hält, weil es schlecht gemanagt wird und daher an der Börse unter Wert gehandelt wird. Die Unternehmensbewertung hilft in diesem Fall, den maximalen Preis zu bestimmen, den der Käufer für das andere Unternehmen in den Verhandlungen mit den Alteigentümern zu zahlen bereit ist.

Der Begriff Unternehmensbewertung könnte nahelegen, dass man das ganze Unternehmen, also Eigen- plus Fremdkapital, bewertet. In der Praxis wird der Begriff aber auch dann verwendet, wenn man eigentlich nur das Eigenkapital bewertet. Wir folgen diesem Sprachgebrauch, versuchen aber jeweils deutlich zu machen, ob sich das Ergebnis der Unternehmensbewertung auf das ganze Unternehmen oder nur das Eigenkapital bezieht.

5.2   Discounted-Cash-Flow–Methode (DCF)

Grundprinzip

Als wir in Kapitel 2 die Ergebnisse von Modigliani-Miller vorgestellt haben, haben wir schon einmal den gesamten Unternehmenswert dargestellt als Summe der mit den Kapitalkosten k diskontierten erwarteten Bruttoerträge X:

$$V = \sum_{t=1}^{\infty} \frac{E[X_t]}{(1+k)^t} \tag{5.1}$$

Die Diskontierung zukünftiger Zahlungen mit den Kapitalkosten ist auch das Grundprinzip der Discounted-Cash-Flow-Methode. Allerdings wird dabei nicht angestrebt, die tatsächlich an Kapitalgeber fließenden Zahlungen (Dividenden, Zinsen, Tilgung) für jeden Zeitpunkt der Zukunft zu prognostizieren. Es hat sich eingebürgert, statt dessen die Zahlungen zu diskontieren, die ein Unternehmen leisten *könnte*. Man nimmt an, dass in jeder Periode alle freien Einzahlungsüberschüsse ausgeschüttet werden, und setzt diese im Zähler der Bewertungsformel ein. Freie Einzahlungsüberschüsse sind die Mittel, die übrig bleiben, nachdem vom Umsatz der zahlungswirksame Betriebsaufwand abgezogen und alle für das projektierte Wachstum erforderlichen Maßnahmen finanziert sind. Der dafür übliche Begriff ist der Free Cash Flow (FCF). Schauen wir uns in einem Grobschema an, wie der Free Cash Flow ermittelt wird und nehmen wir zunächst an, dass der Steuersatz gleich null ist:

> Umsatzerlöse
>
> – Betriebsaufwand (ohne Zinsen)
>
> = Operatives Ergebnis (= EBIT für Earnings before interest and taxes)
>
> + Abschreibungen
>
> – Veränderung Working Capital
>
> – Neuinvestitionen
>
> **= Free Cash Flow (to the firm)**

Zieht man von den Umsatzerlösen den Betriebsaufwand (in dem man die Zinszahlungen nicht einrechnet) ab, gelangt man zum EBIT (Earnings before interest and taxes).[30] Diese Ertragsgröße ist noch nicht identisch mit dem ausschüttbaren Cash Flow. Denn Abschreibungen sind Teil des Betriebsaufwands und mindern daher das EBIT; sie sind aber nicht zahlungswirksam und reduzieren nicht die freien Mittel. Daher addiert man sie zum EBIT. Andere Vorgänge dagegen reduzieren die freien Mittel, mindern das EBIT aber nicht. Dies sind zum einen Veränderungen im Working Capital,[31] z.B. der Aufbau neuer Lagerbestände für die Expansion des Unternehmens. Zum anderen sind Investitionen in Anlagegüter zu berücksichtigen. Beides mindert nicht das Ergebnis, muss aber bezahlt werden. Veränderungen im Working Capital und die Neuinvestitionen werden daher noch abgezogen. Damit gelangt man zum Free Cash Flow. Der Zusatz „to the firm" stellt klar, dass es der an alle Kapitalgeber ausschüttbare Cash flow ist. Im Folgenden schreiben wir dazu kurz *FCF*. Bildet man Prognosen E[*FCF*] und diskontiert diese mit den Kapitalkosten *k*, erhält man den Unternehmenswert V:

$$V = \sum_{t=1}^{\infty} \frac{E[FCF_t]}{(1 + k)^t} \tag{5.2}$$

Zwei kurze Bemerkungen hierzu: (i) Man geht in dieser Formel davon aus, dass der Free Cash Flow der Periode 0 schon aus dem Unternehmen an die Kapitalgeber geflossen ist. (ii) Hat ein Unternehmen freies Vermögen (z.B. in Form von Aktien, Immobilien, Kassenbeständen), das nicht für das projektierte Wachstum erforderlich ist, würde man es zu dem in (5.2) ermittelten Wert hinzuzählen.

Alternativ könnte man auch den Free Cash Flow to equity ermitteln, der die mögliche Dividendenzahlung an die Eigenkapitalgeber darstellt. Durch die Diskontierung der FCF to equity würde man den Wert des Eigenkapitals erhalten.

Nachdem wir uns die Ermittlung des Free Cash Flow angeschaut haben, wenden wir uns noch einmal der Frage zu, warum man die Bewertung darauf und nicht auf den tatsächlichen Zahlungen an die Kapitalgeber aufbaut. Hier sind folgende Punkte zu nennen:

---

[30] Statt EBIT wird teilweise auch vom Betriebsergebnis oder Operating Profit gesprochen; teilweise werden diese Bezeichnungen aber differenziert zur Kennzeichnung unterschiedlicher Größen verwendet. Im Zweifelsfall sollte man immer nachschauen, wie eine Größe von einem Anwender definiert worden ist. „...and taxes" bräuchte man hier gar nicht, weil wir ja den Steuersatz auf Null setzen. Später aber werden wir Steuern einführen.
[31] Das Working Capital ist das Netto-Umlaufvermögen, definiert als Differenz zwischen Umlaufvermögen und kurzfristigen Verbindlichkeiten.

☐ Die zeitliche Verteilung der Zahlungen ändert nichts am Unternehmenswert solange das Unternehmen alle (und auch nur die) Projekte mit positivem Kapitalwert durchführt (vgl. S. 26). Eine Modellierung der tatsächlichen Ausschüttungspolitik würde in diesem Fall nur zusätzlichen Aufwand bedeuten.

☐ Unternehmensbewertung wird oft aus der Perspektive potentieller Käufer durchgeführt, die glauben, dass das Unternehmen bislang nicht effizient gemanagt wird, insbesondere weil Einzahlungsüberschüsse in unrentable Projekte fließen. In diesem Fall wäre es sogar falsch, die tatsächliche Politik des aktuellen Managements zu modellieren, weil man dadurch den Unternehmenswert unterschätzen würde. Man sagt daher auch oft, dass die DCF-Methode den Wert der Unternehmenskontrolle widerspiegelt.

☐ Potentielle Käufer können auch deshalb an den maximal möglichen Ausschüttungen interessiert sein, weil sie sie für die Rückzahlung von Krediten verwenden wollen, die für die Akquisition aufgenommen werden.

Berücksichtigung von Steuern

Mit der Annahme eines Steuersatzes von null kommen wir in der Praxis nicht weit. Unternehmen müssen ihre Gewinne versteuern. Dabei werden Fremdkapitalzinsen von der Bemessungsgrundlage abgezogen.

Wenn ein Steuersatz von s auf den Unternehmensgewinn (z.B. Körperschaftsteuer in Deutschland) erhoben wird, ist der gängige Weg zur DCF-Bewertung wie folgt:

$$V = \sum_{t=1}^{\infty} \frac{\mathrm{E}[FCF_t(mit\ Steuern)]}{(1 + wacc_t)^{t}}$$

$$mit \quad FCF_t(mit\ Steuern) = FCF_t(vor\ Steuern) - s \cdot EBIT \qquad (5.3)$$

$$wacc_t = e_t \frac{EK_t}{EK_t + FK_t} + (1 - s_t)i_t \frac{FK_t}{EK_t + FK_t}$$

wacc steht für „weighted average cost of capital"; $wacc_t$ bezeichnet den per annum Kostensatz, der anzuwenden ist, wenn Zahlungen in t auf heute abzuzinsen sind. Die Kapitalkosten haben wir auch schon in Kapitel 2 (damals noch ohne Steuern) als gewogener Durchschnitt angesetzt. Die Abkürzungen von damals (e=Eigenkapitalkosten, i=Fremdkapitalkosten) verwenden wir auch hier. Neu ist - und dafür ist auch im Deutschen der Begriff *wacc* gebräuchlich - dass die steuerliche Abzugsfähigkeit der Fremdkapitalzinsen durch Multiplikation mit (1-Steuersatz) berücksichtigt wird.

Im Zähler der Formel werden die Steuern abgezogen. Dabei wird der Steuersatz aber nicht auf die eigentliche Bemessungsgrundlage angewendet (diese wäre EBIT minus Zinszahlungen), sondern auf das EBIT. Es wird in der Formel also besteuert, als ob das Unternehmen gar kein Fremdkapital hätte.

Eine intuitive Erklärung dafür ist, dass wir die Abzugsfähigkeit der Zinsen schon im Nenner bei den Kapitalkosten berücksichtigen. Würden wir sie auch noch oben im Zähler berücksichtigen, hätten wir des Guten zu viel getan. Dass die *wacc* genau so aussehen müssen wie sie aussehen, kann man sich an einem vereinfachenden Beispiel klarmachen. Nehmen wir an, ein Unternehmen habe auf ewig ein konstantes EBIT, einen konstanten Free Cash Flow und konstante *wacc*. Laut Bewertungsformel (5.3) ist der Wert dieses Unternehmens wie folgt:[32]

$$V = \frac{FCF(vor\ Steuern) - s \cdot EBIT}{wacc} \tag{5.4}$$

Um diese Formel abzuleiten, überlegen wir uns, wohin der Cash Flow vor Steuern fließt. Ein Teil fließt an den Fiskus, ein Teil an die Fremdkapitalgeber, der Rest an die Eigenkapitalgeber. Wie viel jeweils hängt vom Steuersatz, den Fremd- und Eigenkapitalkosten ab. Die Aufteilung des Free Cash Flow vor Steuern ist daher wie folgt

$$FCF(vor\ Steuern) = s(EBIT - i \cdot FK) + i \cdot FK + e \cdot EK \tag{5.5}$$

Kleine Rearrangements ergeben:

$$FCF(vor\ Steuern) - s \cdot EBIT = i \cdot FK(1 - s) + e \cdot EK \tag{5.6}$$

Der Unternehmenswert ist *FK+EK*. Ziehen wir *FK* und *EK* in Gleichung (5.6) zusammen, erhalten wir:

$$FCF(vor\ Steuern) - s \cdot EBIT$$

$$= \left[i(1 - s)\frac{FK}{EK + FK} + e\frac{EK}{EK + FK} \right](EK + FK) \tag{5.7}$$

Und sehen in den eckigen Klammern schon die *wacc*. Nun nur noch nach EK+FK auflösen und wir sehen unsere Formel bestätigt:

$$V = EK + FK = \frac{FCF(vor\ Steuern) - s \cdot EBIT}{wacc} \tag{5.8}$$

---

[32] Vgl. die Gordon-Growth-Formel mit $g=0$: P=D/e.

Bestimmung der Größen für die DCF-Bewertung

Bestimmung der Free Cash Flows

Üblicherweise prognostiziert man für die Bewertung eines Unternehmens die Cash Flows für die nächsten 3-10 Jahre. Danach setzt man den sogenannten Terminal Value (TV) an. Das ist der Barwert aller Free Cash Flows, die nach dem Ende des Detailprognosehorizontes (in der Formel ist dies t=n) folgen. Im Folgenden bezeichnen wir die Prognosen der gemäß (5.3) ermittelten Free Cash Flows mit Steuern ($FCF(vor\ Steuern) - s \cdot EBIT$) kurzerhand als FCF und erhalten:

$$V = \frac{FCF_1}{1 + wacc_1} + \frac{FCF_2}{(1 + wacc_2)^2} + \cdots + \frac{FCF_n + TV_n}{(1 + wacc_n)^n} \tag{5.9}$$

$wacc_n$ sind die p.a. *wacc* von t=0 bis t=n. Eine übliche Methode für die Bestimmung des Terminal Value ist die Annahme, dass die Free Cash Flows nach dem Ende der Detailprognose mit einer konstanten Rate g wachsen und dass die *wacc* sich nicht mehr ändern. Wir können den Terminal Value damit analog zur Gordon-Growth-Formel bestimmen ($wacc_{t,t+1}$ = *wacc* von t bis t+1 und annahmegemäß bis $t=\infty$):

$$TV_n = \frac{FCF_n(1 + g)}{wacc_{n,n+1} - g} \tag{5.10}$$

Überlegen wir uns nun, wie wir die Free Cash Flows für den Detailprognosehorizont sowie deren anschließende Wachstumsrate für die Terminal-Value-Berechnung bestimmen können. Von der Reihenfolge her können wir dabei dem Schema für die Ermittlung des Free Cash Flow folgen. Wir starten mit der Prognose für die Umsätze des Unternehmens. Zentrale Anhaltspunkte sind dabei

- das Marktwachstum in den Bereichen, in denen das Unternehmen operiert bzw. zu operieren plant;

- die Wettbewerbsposition des Unternehmens, die mit bestimmt, ob das Unternehmenswachstum unter, über oder gleichauf mit dem Marktwachstum liegt. Die Wettbewerbsfähigkeit wird auf Seiten des betreffenden Unternehmens maßgeblich beeinflusst von der Innovationsfähigkeit und dem aktuellen Marktanteil. Externe Einflüsse wie der mögliche Eintritt neuer Wettbewerber sind aber nicht zu vernachlässigen.

Bei beiden Punkten ist ein Finanzanalyst, der eine solche Bewertung durchführt, nicht nur auf eigene Projektionen angewiesen. Verbände oder Forschungsinstitute formulieren zum Beispiel Vorhersagen für das Branchenwachstum, an dem man sich orientieren kann. Außerdem geben Unternehmen in der Regel auch selbst Vorhersagen für ihre eigene Umsatzentwicklung ab. Gute Anhaltspunkte kann auch die historische Umsatzentwicklung geben. Dabei sind aber unter anderem Änderungen in der Inflationsrate zu beachten. In der DCF Bewertung arbeitet man mit nominalen Größen. War die Inflationsrate in der Vergangenheit größer als für die Zukunft erwartet wird, kann man historische Wachstumszahlen nicht einfach fortschreiben, selbst wenn man davon ausgeht, dass das Unternehmen mengenmäßig wie bisher weiter wächst. Man muss die Zahlen vielmehr um die Differenz zwischen vergangener und zukünftiger Inflation bereinigen.

Um vom Umsatz zum EBIT zu gelangen spezifiziert man oft nicht den Betriebsaufwand in Euro, sondern die EBIT-Marge (kann auch als Umsatzrendite bezeichnet werden), definiert als EBIT/Umsatzerlöse. Hier ist zum Beispiel die Marktstellung (die etwa Preissetzungsspielräume beeinflusst) und die Dynamik des Unternehmens eine entscheidende Größe (bei neuen Produkten sind z.B. Produktions- und Marketingkosten oft relativ hoch).

Wenn es um die Prognose des langfristigen Umsatzwachstums oder der langfristigen EBIT-Marge geht, wird man sich eher an Durchschnittswerten als an der aktuellen Situation des betreffenden Unternehmens orientieren. Ein Unternehmen mag heute ein Alleinstellungsmerkmal besitzen und dadurch hohes Umsatzwachstum bei hohen Margen erzielen; man sollte aber nicht ohne gute Gründe davon ausgehen, dass dies auf lange Sicht (zehn Jahre oder mehr) zu halten ist. Wettbewerber werden in den Markt eindringen, Umsatzanteile erwerben und Preissenkungen hervorrufen; neue Produkte werden in der Gunst der Konsumenten steigen. Daher setzt man für langfristiges Wachstum und Marge eines Unternehmens oft Werte an, die man im Durchschnitt für vergleichbare Unternehmen beobachtet.

Bei Abschreibungen, Veränderungen im Working Capital und Neuinvestitionen ist die Prognose in der Regel etwas einfacher. Umsatzwachstum lässt sich oft nur durch Neuinvestitionen (z.B. in zusätzliche Produktionsanlagen) erzeugen und ist mit Veränderungen im Working Capital verbunden (z.B. Erhöhung von Lagerbeständen zur Abdeckung neuer Märkte). Abschreibungen wiederum ergeben sich direkt aus den getätigten Investitionen. Man wird daher aus der vergangenen Unternehmensentwicklung bzw. aus der Analyse vergleichbarer Unternehmen abschätzen, wie Umsatzwachstum, Investitionen, Veränderungen des Working Capital sowie Abschreibungen zueinander im Verhältnis stehen. Diese Verhältnisse kann man verwenden, um mit den bereits getroffenen Annahmen über Umsatzwachstum zu Prognosen der gesuchten Größen zu gelangen. In manchen Anwendungen werden die Prognoseschritte auch noch dadurch verringert, dass man Neuinvestitionen und Working-Capital-Veränderungen durch die Prognose einer Reinvestitionsquote modelliert.

Die Ermittlung der Steuern schließlich mag einfach erscheinen, allerdings sind hier z.B. Verlustvorträge sowie erwartete Veränderungen in den Steuersätzen zu berücksichtigen.

Bestimmung der wacc

Ein Blick auf die Definition der weighted average cost of capital macht noch einmal klar, welche Größen wir noch zu bestimmen haben:

$$wacc_t = e_t \frac{EK_t}{EK_t + FK_t} + (1 - s_t)i_t \frac{FK_t}{EK_t + FK_t} \tag{5.11}$$

Die Eigenkapitalkosten *e* bestimmt man meist durch Anwendung des CAPM. Damit verbundene Fragen haben wir bereits in Kapitel 4 angesprochen. Für die Fremdkapitalzinsen setzt man die aktuellen bzw. die zukünftigen erwarteten Finanzierungskonditionen an. Finanzierungskonditionen können sich zum Beispiel ändern, wenn sich der Verschuldungsgrad ändert; solche Änderungen müssen sowieso prognostiziert werden, da der Verschuldungsgrad die Gewichtung von Eigen- und Fremdkapitalkosten bei der wacc-Ermittlung bestimmt. Für Veränderungen im Verschuldungsgrad gibt es aber auch Anhaltspunkte, z.B. die durchschnittliche Verschuldung in der Branche. Wenn Unternehmen aktuell davon abweichen (z.B. weil sie jung sind, vorwiegend durch Venture-Capital-Gesellschaften finanziert werden und daher einen hohen Eigenkapitalanteil haben), sollte man einen Anpassungspfad zur durchschnittlichen Verschuldungsquote spezifizieren.

Da sich die Komponenten der *wacc* mit der Zeit ändern können, gilt dies auch für die *wacc*. Praktisch geht man damit meist so um, dass man die *wacc* für jede einzelne Periode bestimmt. Also die von heute bis Jahr 1 (bezeichnen wir diese mit $wacc_{0,1}$, die von Jahr 1 bis Jahr 2 ($wacc_{1,2}$) usw. Die $wacc_t$ in der Formel (5.9) bezeichnen dagegen die Kosten (p.a), die von heute bis t=gelten; $wacc_t$ könnte man daher auch als $wacc_{0,t}$ schreiben. Man erhält sie über eine multiplikative Verknüpfung der *wacc* für jede einzelne Periode:

$$wacc_t = \left(\prod_{\tau=1}^{t} (1 + wacc_{\tau-1,\tau}) \right)^{1/t} - 1 \tag{5.12}$$

Für Eigen- und Fremdkapital, mit denen man die Gewichtungsfaktoren bestimmt, sollte man Marktwerte nehmen. Die sucht man aber gerade mit der Unternehmensbewertung zu bestimmen. Zwei mögliche Antworten darauf sind:

□ Verwende Buchwerte bzw. prognostizierte Verschuldungsgrade. Man nimmt dafür zwar eine gewisse Inkonsistenz in Kauf; diese ist aber in der Praxis oft nicht sehr bedeutsam.

□ Verwende Buchwerte bzw. Prognosen als Startwerte. Verwende das damit erzielte Ergebnis anschließend, um neue Werte für EK und FK anzusetzen. Dabei nimmt man oft an, dass der Buchwert des Fremdkapitals gleich seinem Marktwert ist. Der Marktwert des Eigenkapitals ergibt sich dann als errechneter Unternehmenswert minus Buchwert des Fremdkapitals. Die so erhaltenen neuen Werte von EK und FK werden nun in die Formeln eingesetzt. Diesen Iterationsprozess verfolgt man so lange, bis sich kein Unterschied zwischen eingesetzten Werten und dem Ergebnis mehr ergibt.

Zum Abschluss sei darauf verwiesen, dass sich Tabellenkalkulationsprogramme sehr gut eignen, um die einzelnen Größen zu entwickeln und den Unternehmenswert zu berechnen. Auch der gerade beschriebene Iterationsprozess lässt sich damit abbilden.

Sensitivitätsanalysen

Hat man die Unternehmensbewertung abgeschlossen, ist es sinnvoll aufzuzeigen, wie sensibel die Ergebnisse auf Änderungen der zentralen Annahmen reagieren. Wichtig ist dabei, dass man Annahmen nicht nur isoliert variiert, sondern auch gemeinsam. Anschließend sollte man die Ergebnisse solcher Analysen auch in ihrer Bandbreite darstellen.

Oft ist man nach Durchführung der Sensitivitätsanalysen überrascht, welch unterschiedliche Ergebnisse man erzielen kann, obwohl die dahinterstehenden Parameterkonstellationen alle begründbar erscheinen. Dies sollte man nicht als Indiz dafür nehmen, dass die Unternehmensbewertung nur wenig Nutzen bringt. Gerade in Fällen, in denen die Bewertung mit großen Bandbreiten versehen ist, bestand vor der Bewertung oft eine besonders große Unsicherheit über den wahren Wert. Zudem ermöglicht der formale und konsistente Ansatz der Unternehmensbewertung eine Identifikation zentraler Werttreiber und sensitiver Annahmen, die sehr hilfreich bei der Entscheidung über den Kauf oder das Management eines Unternehmens sein können.

5.3   Wertorientierte Unternehmenssteuerung

Konzepte, die wir bei der Unternehmensbewertung kennengelernt haben, spielen auch bei der wertorientierten Unternehmenssteuerung eine Rolle, weshalb wir deren Kernidee kurz vorstellen wollen. Ihr Ziel ist es, mit Hilfe von Kennzahlen Aktivitäten zu identifizieren, die den Unternehmenswert steigern bzw. verringern; mit diesem Wissen kann das Management dann steuernd eingreifen (Expansion bzw. Rückzug oder Restrukturierung, leistungsorientierte Entlohnung von Mitarbeitern).

Traditionell wurde der Unternehmenserfolg mit dem Jahresüberschuss gemessen, der für diese Zwecke aber Nachteile hat:

- □ der Jahresüberschuss spiegelt aufgrund von Sondereinflüssen oder Bilanzierungsvorschriften den tatsächlichen Unternehmenserfolg nur ungenau wider.

- □ die Kapitalkosten auf das eingesetzte Kapital werden nicht berücksichtigt. Ein Jahresüberschuss von 1 Mrd Euro mag einem riesig vorkommen. Wenn er mit 100 Mrd Euro Eigenkapital erwirtschaftet wurde, ist er aber eher bescheiden.

Für die wertorientierte Unternehmenssteuerung wurden von einigen Beratungsunternehmen Kennzahlen entwickelt, die unter Namen wie Economic Value Added (EVA™) oder Cash-Flow-Return on Investment (CFROI™) vermarktet werden. Letztlich kann man sie aber alle auf einen Grundgedanken zurückführen: Ein Unternehmen schafft neuen Wert, wenn es mehr verdient als die Kosten auf das eingesetzte Kapital – also Projekte mit positivem Kapitalwert durchführt. In der Literatur würde man diese Differenz als ökonomischen Gewinn bezeichnen. Wir nennen es hier einfach Wertbeitrag. Um dafür pro Periode einen Indikator zu bekommen, kann man das operative Ergebnis der Periode, den Kapitalkostensatz und das eingesetzte Kapital bestimmen und den Wertbeitrag ermitteln als:

$$\text{Wertbeitrag} = \text{Ergebnis} - \text{Kapitalkostensatz} \times \text{Eingesetztes Kapital}$$

Unter Ergebnis kann man sich hier das EBIT vorstellen. In der Praxis bemüht man sich, die Ergebnisgröße durch Anpassungen der Zahlen aus der Rechnungslegung möglichst aussagekräftig zu machen und verwendet dafür auch verschiedene Namen. Die Analyse kann man vor oder nach Steuern durchführen – man muss allerdings darauf achten, dass man es konsistent macht.

Der Wertbeitrag ist eine absolute Größe in Euro. Wenn er positiv (negativ) ist, deutet er auf Wertsteigerung (-vernichtung) hin. Um Bereiche unterschiedlicher Größe besser vergleichen zu können, kann man z.B. den Wertbeitrag durch den Kapitaleinsatz teilen. Aus einem negativen Wertbeitrag in einer Periode sollte man nicht gleich folgern, dass der betreffende Bereich abgestoßen oder restrukturiert werden muss – es könnte ja ein rezessionsbedingter Ausrutscher eines ansonsten profitablen Bereichs oder der Anlaufverlust eines neuen vielversprechenden Bereichs sein. Trotzdem beinhaltet auch der Wertbeitrag einer Periode Informationen, die sich über die Zeit verdichten und damit eine wertvolle Grundlage für die Unternehmenssteuerung geben können.

5.4 Relative Unternehmensbewertung – Bewertung mit Multiples

Einen einfacheren und schnelleren Weg zur Unternehmensbewertung als die DCF-Methode bietet die relative Bewertung. Hier wird der Wert bestimmt, indem man sich am beobachteten Marktwert vergleichbarer Unternehmen orientiert. Wesentlich sind dabei die folgenden Schritte:

☐ Wähle eine Verhältnisgröße, um den Unternehmenswert als Vielfaches („Multiple") einer bewertungsrelevanten Größe auszudrücken. Z.B.

$$EBIT\text{-}Multiple = \frac{Unternehmenswert}{EBIT}$$

☐ Bestimme Multiples für einige Unternehmen $k=1,...K$, die mit dem zu bewertenden vergleichbar sind und deren Wert am Markt beobachtbar ist. Bilde einen Durchschnitt, z.B.

$$\overline{EBIT\text{-}Multiple} = \frac{1}{K}\sum_{k=1}^{K} EBIT\text{-}Multiple_k$$

☐ Wende das Multiple aus dem zweiten Schritt auf das zu bewertende Unternehmen j an:

$$Unternehmenswert_j = \overline{EBIT\text{-}Multiple} \times EBIT_j$$

Den Marktwert der Vergleichsunternehmen beobachtet man in der Regel über die Börse – d.h. man zieht als Vergleichsunternehmen börsennotierte Unternehmen heran. Alternativ können Transaktionspreise herangezogen werden, sofern sie bekannt sind (etwa bei der Übernahme eines nicht-börsennotierten Unternehmens durch eine Private-Equity-Gesellschaft).

Drei häufig verwendete Multiples sind in der folgenden Tabelle zusammengefasst:

Definition Multiple	Übliche Bezeichnung	Was wird bewertet?
$\dfrac{Unternehmenswert}{EBIT}$	EBIT-Multiple	Gesamtes Unternehmen
$\dfrac{Aktienkurs}{Gewinn\ pro\ Aktie}$	Kurs-Gewinn-Verhältnis (KGV), Price-Earnings-Ratio (PE)	Eigenkapital
$\dfrac{Aktienkurs}{Unternehmensumsatz\ pro\ Aktie}$	Kurs-Umsatz-Verhältnis	Eigenkapital

In der Praxis sieht man einige andere Multiples bzw. Varianten der oben genannten. Statt des gesamten Unternehmenswertes setzt man oft den so genannten Enterprise value an (= Wert des operativen Geschäfts); Grund ist, dass nicht-operative Vermögensbestandteile (z.B. Barmittel, Beteiligungen) nicht den Umsatz bzw. das operative Ergebnis beeinflussen und damit gebildete Multiples daher verzerren würden. Will man den Unternehmenswert ermitteln, kann man sie wieder zum Enterprise value hinzuaddieren.

Statt des EBIT kann man auch das EBITDA (Earnings before interest, taxes, depreciation and amortization[33], also EBIT + Abschreibungen) ansetzen; Gründe hierfür können sein, dass unterschiedliche Abschreibungsmodalitäten den Vergleich erschweren oder das EBIT negativ ist – womit die Ermittlung eines Unternehmenswertes mit der Multiple-Methode nicht mehr sinnvoll möglich wäre.

Herausforderungen und Grenzen der Multiple-Methode

Als Vorteile der relativen Bewertung werden oft angeführt, dass dafür keine Prognosen zu erstellen sind, wenige Annahmen getroffen werden müssen und die Bewertung sich am Markt orientiert. Wir werden diese Punkte kurz diskutieren.

Auch die relative Bewertung verwendet Prognosen

Zwar kann man Multiples mit beobachtbaren Größen aus der Rechnungslegung ermitteln, dies wird jedoch oft nicht gemacht. Bewertet man ein Unternehmen zum Beispiel mit einem EBIT-Multiple, setzt man meist eine Prognose für das EBIT des laufenden oder des kommenden Geschäftsjahres an. Gerade bei jungen Unternehmen oder Unternehmen in Turn-around-Situationen kann das aktuelle EBIT nämlich negativ oder wenig aussagekräftig sein

Auch für die relative Bewertung müssen Annahmen getroffen werden

Die Auswahl vergleichbarer Unternehmen liegt selten auf der Hand. Üblicherweise wählt man Unternehmen derselben Branche. Doch es gibt viele mögliche Brancheneinteilungen, und es ist Aufgabe der Unternehmensbewertung, eine zu definieren. Wenn man den Branchenbegriff weit fasst, werden die Unternehmen sich in ihren Aktivitäten vielleicht stark unterscheiden. Fasst man ihn eng, gibt es womöglich gar kein anderes

---

[33] Im Englischen wird zwischen der Abschreibung materieller Vermögenswerte (depreciation) und immaterieller Vermögenswerte (amortization) unterschieden.

Unternehmen, das gut in diese Kategorie passt. Viele Unternehmen sind auch in mehreren Bereichen aktiv, so dass man Multiples aus verschiedenen Branchen kombinieren muss; dabei ist über die Gewichtung der einzelnen Branchen zu entscheiden. Weitere Entscheidungen beziehen sich auf den Kreis der Unternehmen, die überhaupt in Frage kommen: Wählt man z.B. für ein deutsches Unternehmen nur deutsche oder auch europäische Vergleichsunternehmen aus? Oder auch noch US-amerikanische?

Selbst wenn man Vergleichsunternehmen gefunden hat, die von den Tätigkeitsfeldern genau passen, können doch noch bewertungsrelevante Unterschiede bestehen. Dies machen wir uns am besten an Hand des erweiterten Dividenden-Diskontierungsmodells aus Kapitel 2 klar. Wir hatten den aktuellen Aktienkurs ausgedrückt mit Hilfe der Ausschüttungsquote a, des Gewinns pro Aktie G, der Eigenkapitalkosten e und des Gewinnwachstums g:

$$P_0 = \frac{aG_0(1+g)}{e-g} \tag{5.13}$$

Wir müssen nur den Gewinn auf die andere Seite bringen und erhalten das Kurs-Gewinn-Verhältnis:

$$KGV = \frac{P_0}{G_0} = \frac{a(1+g)}{e-g} \tag{5.14}$$

wie man sieht, hängt das KGV von der Ausschüttungsquote, den Eigenkapitalkosten und dem Gewinnwachstum ab.[34] Ähnliches könnte man für die anderen gebräuchlichen Multiples zeigen. Die implizite Annahme bei der relativen Bewertung ist, dass diese Parameter beim zu bewertenden Unternehmen und den Vergleichsunternehmen ähnlich sind. Wählt man letztere aus der gleichen Branche spricht dafür zwar einiges, denn ein Unternehmen wird vom Risiko und den Wachstumsaussichten einer Branche maßgeblich beeinflusst. Andererseits kann es auch innerhalb einer Branche große Unterschiede geben. Neben Unterschieden in Ausschüttungsquote und Wachstumserwartungen wirken sich z.B. auch solche im Verschuldungsgrad aus, da sie zu Unterschieden in den Eigenkapitalkosten führen.

Es gibt allerdings Möglichkeiten, solche Unterschiede zu berücksichtigen, zumindest approximativ. Um Unterschiede im Wachstum zu erfassen, wird z.B. häufig das Price-Earnings-to-Growth-Ratio *PEG* angewendet, definiert als *PE*-Ratio bzw. KGV dividiert durch erwartetes Gewinnwachstum:

---

[34] Daraus sollte man nicht schließen, dass sich das KGV leicht über eine Änderung der Ausschüttungsquote steuern ließe. Eine solche Änderung hätte nämlich Auswirkungen auf die Wachstumsrate, wie in Abschnitt 2.2 analysiert.

$$PEG \text{ Ratio} = \frac{P_0/G_0}{g} \hspace{4cm} (5.14)$$

Dabei wird die Wachstumsrate g meist in Prozent eingegeben, also z.B. 5 für g=0,05. Eine Aktie mag wegen eines hohen KGVs teuer erscheinen; wenn das erwartete Gewinnwachstum hoch ist, senkt dies das *PEG* Ratio und die Aktie wird von der Bewertungszahl her attraktiver.

Eine marktnahe Bewertung hat auch Grenzen

Die relative Bewertung ist insofern marktnah, als sie zu Unternehmenswerten führt, die bei vergleichbaren Unternehmen tatsächlich am Markt bezahlt werden. Solange man bei der Auswahl der Vergleichsunternehmen sorgfältig vorgeht, wird man daher seltener als bei der DCF-Methode Ergebnisse erhalten, die unrealistisch erscheinen, weil sie weit entfernt liegen von dem, was man am Markt beobachtet. Dieser Vorteil wird aber dann zu einem Nachteil, wenn die Bewertung am Markt allgemein zu hoch bzw. zu niedrig ist. Orientiert man sich in einer solchen Phase an der relativen Bewertung, zahlt man zu viel bzw. lässt eine gute Kaufgelegenheit verstreichen.

***

EBIT, Free Cash Flow
Dazwischen liegen ein plus
und zwei minus.

6 Derivate: Optionen, Forwards und Futures

Schlüsselbegriffe: Call-Optionen, Put-Optionen, Put-Call-Parität, Binomialbaumverfahren, Forwards, Futures.

6.1 Einleitung

Ein Unternehmen vereinbart heute mit einer Handelsgesellschaft, dass es in einem Jahr zu einem heute festgelegten Preis 1 Mio Barrel Heizöl kaufen wird. Eine Anlegerin erwirbt von einer Bank ein Zertifikat, welches in einem Jahr wertlos ist, wenn der Goldpreis zu diesem Zeitpunkt über 1200 USD liegt. Liegt der Goldpreis unter 1200 USD, zahlt die Bank an die Anlegerin die Differenz zwischen 1200 USD und dem Goldpreis.

Allgemein könnte man diese Geschäfte folgendermaßen charakterisieren: Zwei Parteien schließen einen Kontrakt, in dem zukünftige Zahlungen oder sonstige Leistungen festgelegt sind. Wie hoch diese Zahlungen ausfallen bzw. welchen Wert sie für die Kontraktpartner darstellen, leitet sich aus dem Preis einer beobachtbaren Größe ab. Das Unternehmen wird profitieren, wenn der Heizölpreis in einem Jahr über den heute vereinbarten Preis gestiegen ist; die Anlegerin erhält nur dann eine Zahlung, wenn der Goldpreis unter 1200 USD liegt.

Wegen dieser Abhängigkeit von einer anderen Größe nennt man solche Kontrakte Derivate (von lateinisch *derivatus* abgeleitet). Die beobachtbare Größe wird als Underlying oder Basiswert bezeichnet. Sie kann ein Aktienkurs, ein Zinssatz, ein Rohstoffpreis sein – aber auch die Windstärke eines Hurrikans oder die Inflationsrate.

Zwei wichtige Formen von Derivaten sind (i) Optionen und (ii) Forwards und Futures. Bei Forwards und Futures wird heute ein Geschäft vereinbart, das in der Zukunft auf jeden Fall durchgeführt wird. In einem Optionskontrakt wird einer der Parteien das Recht eingeräumt, in der Zukunft die Durchführung eines Geschäfts zu verlangen.

Anleger, Banken, Versicherungen und Industrieunternehmen setzen Derivate in großem Stil ein. Sie ermöglichen zum Beispiel die Absicherung von Risiken: eine Fluggesellschaft kann sich gegen einen Anstieg des Kerosinpreises absichern, indem sie heute den Preis für zukünftige Kerosinlieferungen festlegt. Derivate eröffnen auch große Gewinnmöglichkeiten bei geringem Geldeinsatz und werden daher oft zur Spekulation eingesetzt.

In diesem Kapitel werden aber nicht die Einsatzmöglichkeiten der Derivate im Vordergrund stehen. Vielmehr widmen wir uns der Frage, wie man Wert und Eigenschaften solcher Kontrakte bestimmen kann.

6.2 Optionen

Ausgestaltung von Optionen

Ein Optionsvertrag ist eigentlich recht einfach: Als Käufer erwirbt man das Recht, einen Vermögensgegenstand in der Zukunft zu kaufen bzw. zu verkaufen. Aber da es ein paar Varianten gibt und man auch die übliche Terminologie kennen sollte, ist es doch ein wenig aufwendig, Optionen allgemein zu beschreiben. Versuchen wir es trotzdem:

Der Käufer einer Option (er hat die Long Position) erwirbt das Recht

- □ einen Vermögensgegenstand (Basiswert, Underlying)

- □ zu einem vorab festgelegten Preis (Ausübungspreis, Strike, Exercise Price)

- □ innerhalb der Laufzeit (amerikanische Option) oder am Ende der Laufzeit (europäische Option)

- □ zu kaufen (Call-Option, Kaufoption) oder zu verkaufen (Put-Option, Verkaufsoption).

Der Verkäufer (Stillhalter, Short Position) übernimmt im Gegenzug die Pflicht, das Underlying zum Strike zu verkaufen (Call Option) bzw. zu kaufen (Verkaufsoption), und zwar innerhalb der Laufzeit (amerik.) bzw. an deren Ende (europäisch). Als Gegenleistung erhält der Verkäufer vom Käufer eine Optionsprämie – dies ist nichts anderes als der Preis der Option, der bei Vertragsabschluss zu entrichten ist.

Sagen Sie es sich einfach mal laut vor:

- □ Bei einem europäischen Call auf den DAX mit Strike 14000 und Laufzeit bis 31.12.23 erwirbt der Käufer ...

- □ Bei einem amerikanischen Put auf BMW mit Strike 90 und Laufzeit bis 30.09.23 übernimmt der Verkäufer ...

Bei Optionen sind mehr noch als anderswo englische Ausdrücke üblich. Viele Leute sagen auch im Deutschen Strike statt Ausübungspreis. „Ich bin Stillhalter einer Verkaufsoption" sagt eigentlich niemand. Eher üblich ist: „Ich bin short in einem Put." Oder „Ich habe Puts verkauft".

Die eben beschriebenen Optionsformen sind die Standardformen auf dem Options-markt – sie werden auch als Plain-Vanilla-Optionen bezeichnet.[35] Optionen, die nicht plain vanilla sind, heißen exotische Optionen. Sie könnten z.B. mit jemand vereinbaren, dass Sie in sechs Monaten die Deutsche Bank Aktie zu einem Kurs erwerben können, der gleich dem Durchschnittskurs der nächsten sechs Monate ist - aber nur dann, wenn der Kurs in den sechs Monaten nie höher als 20 war. Der Phantasie sind keine Grenzen gesetzt.

Auszahlungsdiagramme

Besser als mit Worten kann man Optionen durch Auszahlungsdiagramme beschreiben. Sie zeigen auf, welche Auszahlung (Payoff) man am Laufzeitende in Abhängigkeit vom Wert des Underlying erhält. Die Auszahlung kann gleich dem Geldbetrag sein, den man am Ende der Laufzeit vom Vertragspartner bekommt oder zahlen muss. Wenn man am Laufzeitende etwas mit dem Effekt tut, dass man einen Betrag zusätzlich oder weniger auf dem Konto hat, sprechen wir aber auch von einer Auszahlung. Bevor wir uns Aus-zahlungen für europäische Optionen anschauen, führen wir kurz etwas Notation ein

> X: Ausübungskurs

> S_T: Kurs des Underlyings bei Fälligkeit in T.

Hier nun Auszahlungsdiagramme für den Kauf eines Calls bzw. Puts.

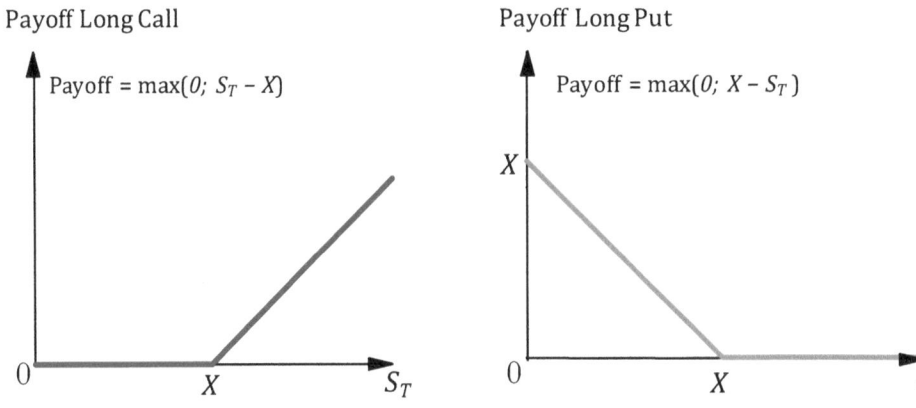

Payoff Long Call — Payoff = $\max(0; S_T - X)$

Payoff Long Put — Payoff = $\max(0; X - S_T)$

---

[35] Das umgangssprachliche *plain vanilla* für *gewöhnlich* leitet sich von der unauffälligen Farbe und der Beliebtheit von Vanille-Eis ab.

Beginnen wir mit dem Auszahlungsdiagramm für einen Long Call. Auf der x-Achse tragen wir den Wert des Underlyings am Laufzeitende ab. Auf der y-Achse unsere Auszahlung. Der Wert vieler Underlyings, z.B. der von Aktien, kann wegen beschränkter Haftung nicht unter null fallen, daher lassen wir die x-Achse bei null beginnen. Dort starten wir auch mit unseren Überlegungen, nehmen also $S_T = 0$ an. Wenn Sie long in einem Call sind, haben Sie das Recht, das Underlying zum Preis X zu kaufen. Würden Sie dieses Recht bei $S_T = 0$ ausüben, würden Sie X für etwas bezahlen, was null wert ist. Sie hätten daher einen Verlust in Höhe von X erlitten. Daher üben Sie Ihr Recht nicht aus. Sie machen nichts, und ihre Auszahlung ist entsprechend gleich null. Das bleibt so bis zum Punkt $S_T = X$. Sobald der Wert des Underlyings über dem Ausübungskurs liegt, können Sie etwas für X erwerben, was mehr wert ist. Sie üben daher Ihr Recht aus und kaufen zum Preis von X. Wenn Sie gleich zu S_T wieder verkaufen, haben Sie $S_T - X$ mehr auf Ihrem Konto.

Mathematisch kann man die Auszahlungsfunktion eines Long Call recht einfach mit Hilfe des Underlying-Kurses S_T, des Ausübungskurses X und einer Maximum-Funktion beschreiben; letztere erfasst den Knick der Auszahlungsfunktion. Die Funktion ist in der Abbildung mit angegeben.

Die Auszahlungsfunktion für den Long Put kann man auf ähnliche Weise nachvollziehen. Ein Käufer eines Puts wird das Recht, zu X zu verkaufen, nur ausüben, wenn der Wert des Underlyings unter X liegt. Kauft man am Markt zu S_T, um anschließend zu X an den Vertragspartner der Option zu verkaufen, macht man einen Gewinn von $X - S_T$.

Hier nun die Auszahlungsfunktionen beim Verkauf eines Calls bzw. Puts. Zur mathematischen Abbildung der Auszahlungsfunktionen brauchen wir nun eine Minimum-Funktion.

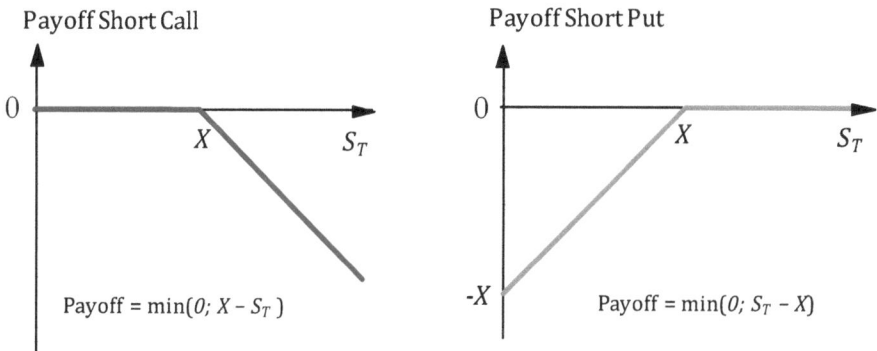

Folgendes können wir zusammenfassend festhalten:

- ☐ Käufer einer Option bekommen im für sie schlechtesten Fall eine Auszahlung von null. Dies liegt daran, dass Käufer keine Pflichten übernommen haben und die Option nur wahrnehmen, wenn sie ihnen Vorteile (d.h. eine positive Auszahlung) bringt.

- ☐ Verkäufer dagegen haben im besten Fall eine Auszahlung von null. Ansonsten müssen sie etwas zahlen.

- ☐ Die Auszahlungsdiagramme haben einen Knick, und zwar beim Ausübungskurs X; sie bestehen aus einem horizontalen Stück und einem mit Steigung eins.

- ☐ Was des einen Freud ist des anderen Leid: Die Auszahlungsdiagramme für Verkäufer sind symmetrisch zu den Auszahlungsdiagrammen der Käufer.

Man könnte auch meinen, dass Puts symmetrisch zu Calls sind. Aber das stimmt nicht ganz. Während man als Käufer einer Call-Option unendlich hohe Auszahlungen erhalten kann, ist die maximale Auszahlung bei einer Put-Option beschränkt, da der Preis der üblichen Underlyings nicht unter null fallen kann – z.B. wegen beschränkter Haftung.

Die bisher gezeigten Auszahlungsdiagramme nennt man auch absolute Auszahlungsdiagramme. Sie zeigen die Auszahlung, die man bei Laufzeitende aus dem Vertrag erhält. Diese ist aber nicht gleich dem Gewinn, den man aus dem Geschäft erzielt, da man am Anfang ja die Optionsprämie zahlen muss bzw. erhält. Um diese mit in die graphische Analyse mit aufzunehmen, zeichnet man so genannte Netto-Auszahlungsdiagramme. Sie unterscheiden sich einfach darin, dass man von der Brutto-Auszahlung die Optionsprämie abzieht (bei einer Long-Position) bzw. addiert (bei einer Short-Position). Zur besseren Unterscheidung wollen wir hier die y-Achse mit + und – beschriften, wenn wir Netto-Auszahlungsdiagramme zeichnen. Hier zwei Beispiele (OP bezeichnet die Optionsprämie):

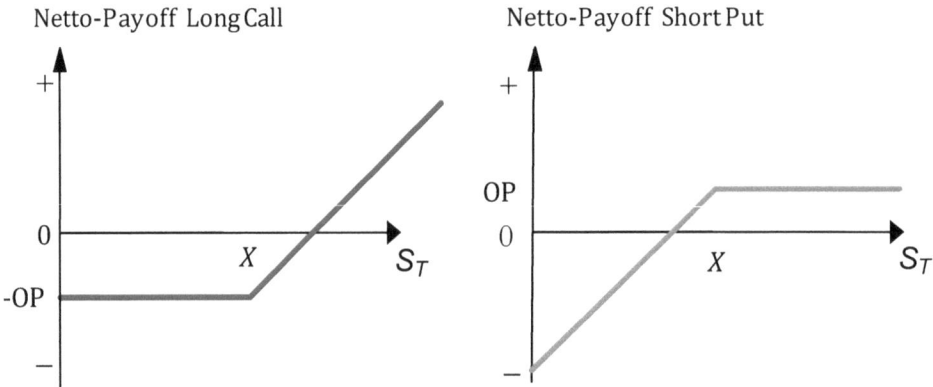

Will man Optionen einsetzen, um auf eine bestimmte Kursbewegung zu spekulieren oder sich dagegen abzusichern, geben die Auszahlungsdiagramme einen guten Anhaltspunkt für die Wahl der geeigneten Option. Hier zwei Beispiele:

- Wenn Sie befürchten, dass der Ölpreis noch weiter steigt und Sie daher höhere Ausgaben für Benzin und Heizung haben, könnten Sie einen Call auf Öl kaufen. Der Gewinn aus dem Call würde dann Ihre gestiegenen Ausgaben kompensieren.

- Wenn Sie erwarten, dass die Aktienkurse demnächst steigen (sinken), könnten Sie einen Call (Put) erwerben. Tritt ein, was Sie erwarten, bekommen Sie Geld aus dem Optionsgeschäft.

Financial Engineering

Mit den einfachen Optionen hat man schon vier Auszahlungsfunktionen zur Auswahl, unter denen man oft die für die eigenen Zwecke richtige findet: Long Put, Long Call, Short Put und Short Call. Aber viel mehr lässt sich noch erreichen, wenn man Calls und Puts und vielleicht auch noch ein direktes Investment in das Underlying oder in die risikolose Anlage kombiniert. Eine solche gezielte Kombination von einfachen Instrumenten zur Erreichung bestimmter Auszahlungsfunktionen nennt man Financial Engineering.

Stellen wir uns vor, Sie erwarten, dass sich der Kurs einer Aktie in der nächsten Zeit stark bewegt – Sie wissen aber nicht in welche Richtung. Ein Beispiel hierfür könnte sein, dass das Ende eines Rechtsstreits ansteht oder über die Zulassung eines Medikaments entschieden wird. Gewinnt das Unternehmen den Rechtsstreit oder erhält es die Zulassung, wird der Kurs steigen, ansonsten wird er fallen. Sie suchen daher eine Auszahlungsfunktion, die positiv ist, wenn die Kurse bei Fälligkeit weit von dem heutigen Kurs entfernt sind. Sie könnten dafür einen Long Call und einen Long Put erwerben, beide mit einem Ausübungskurs, der gleich dem heutigen Aktienkurs ist. Die Auszahlungsfunktion dieses so genannten Straddles sieht folgendermaßen aus:

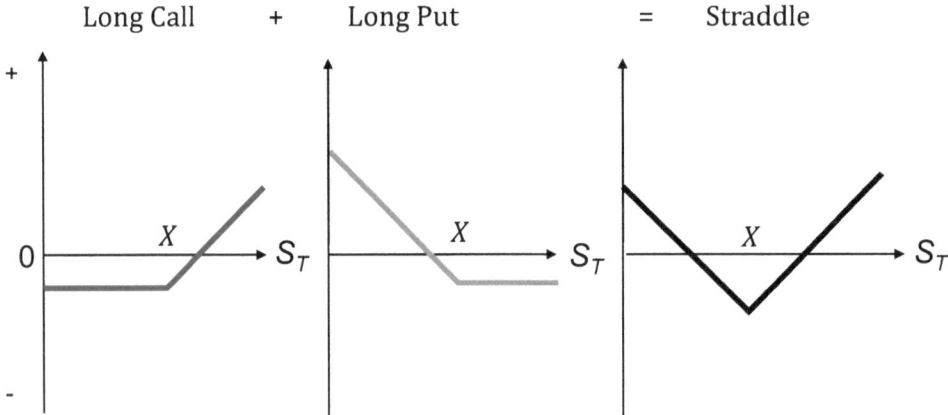

Hier wie auch bei anderen Fällen gilt, dass man die Auszahlungsfunktion einer Kombination von Instrumenten erhält, indem man die einzelnen Auszahlungsfunktionen addiert.

Eine beliebte Kombination ist der Covered Call; diese Konstruktion wird von vielen Banken auch als Discount-Zertifikat angeboten. Man investiert in das Underlying (z.B. eine Aktie) und verkauft für jede Aktie, die man hält, einen Call.

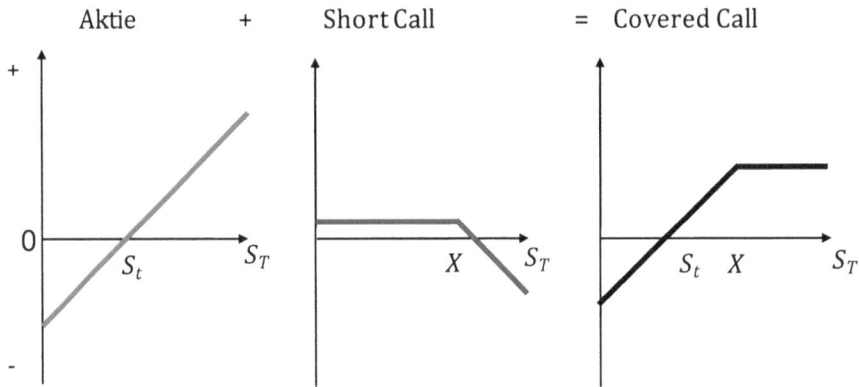

Ein beliebtes Verkaufsargument für Covered Calls ist, dass man die Aktie billiger erwirbt (zu einem „Discount"). Denn man zahlt zwar den Aktienkurs, bekommt aber die Optionsprämie dazu (aus dem Call-Verkauf). Wie das Auszahlungsdiagramm zeigt, hat dieser Discount allerdings einen Preis. Man nimmt nur bis zu einem gewissen Punkt (dem Ausübungskurs des Calls) an Kurssteigerungen teil. Danach verläuft die Kurve flach. Manchmal hört man auch das Argument, Covered Calls böten einen Puffer gegen Kursrückgänge. Das ist zwar in dem Sinne richtig, dass man bei kleineren Kursrückgängen trotzdem noch netto im Plus sein kann. Allerdings kann man auch mit einem Covered Call das eingesetzte Geld komplett verlieren.

Die Motivation für Financial Engineering lag oft (und liegt teilweise noch) in der Steuervermeidung. Wenn Sie Steuern auf Zinseinkommen zahlen müssen, dies aber nicht wollen, könnten Sie etwas konstruieren, was de facto eine risikolose Anlage ist, aber nicht so daherkommt. Hier ein Rezept: Wir gehen short in einem Call, long in einem Put und long in dem Underlying. Was dabei herauskommt, sieht man etwas einfacher in einem Brutto-Auszahlungsdiagramm:

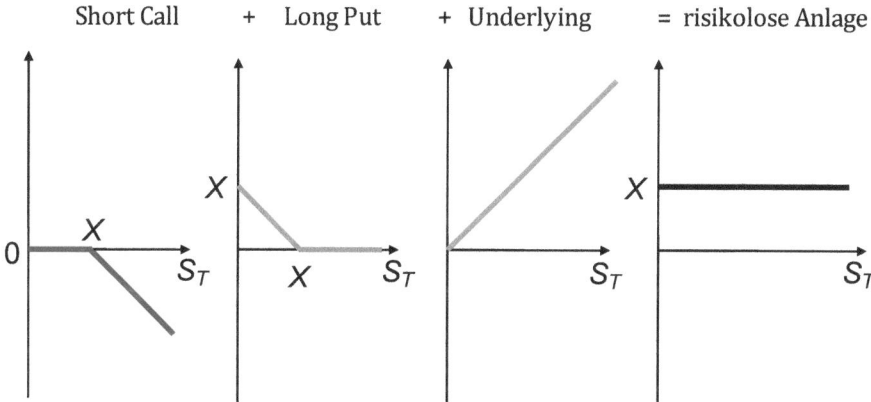

Wir haben somit eine risikolose Anlage konstruiert – unabhängig vom Kurs des Underlyings bekommen wir bei Laufzeitende immer den Betrag X. Mit solchen Konstruktionen konnte man zeitweise wirklich Steuern umgehen – bis die Finanzämter die Sache durchschaut haben und auch Steuern auf solche konstruierten risikolosen Anlagen erhoben haben.

Aber schauen wir uns erst noch mal genau an, wie wir zur risikolosen Anlage kommen. Ohne etwas Übung fällt die Addition der drei linken Diagramme nämlich etwas schwer. Eine Möglichkeit ist es, die Auszahlungsfunktionen in eine Grafik zu zeichnen und darin zu addieren. Alternativ hilft oft, sich markante Punkte anzuschauen und dann zu interpolieren. Starten wir mit dem Kurs $S_T=0$. Der Short Call führt zu keiner Auszahlung, das Underlying auch nicht. Wir können daher die Auszahlung des Put direkt für die Auszahlung des konstruierten Produkts ansetzen (X). Bei $S_T=X$ gilt: Call und Put haben eine

Auszahlung von null, so dass die Auszahlung des Produkts gleich der des Underlyings ist – die ist aber an dieser Stelle gerade X. Links vom Strike egalisiert die fallende Funktion des Puts gerade die steigende Funktion des Underlyings – die kombinierte Auszahlung bleibt somit konstant. Gleiches gilt rechts vom Strike, wo sich Call und Underlying egalisieren.

Am schnellsten wird man mit solchen Kombinationen vertraut, wenn man selbst welche bastelt. Mit dem Excel-Sheet Financial Engineering, das auf der Webseite zu dem Buch für Sie bereit steht, können Sie das bequem per Computer tun.

6.3 Bewertung von Optionen

Wertgrenzen für Calls

Die Möglichkeiten, die Calls und Puts bieten, haben wir nun etwas kennengelernt. Aber wie lässt sich die Optionsprämie bestimmen? In diesem Abschnitt wollen wir noch nicht so weit gehen und sie exakt bestimmen. Wir wollen aber schon eine Eingrenzung über mögliche Wertebereiche vornehmen. Dabei werden wir stark auf die Idee der Arbitrage zurückgreifen, die schon bei Modigliani-Miller eine große Rolle gespielt hat. Kombinationen von Anlageinstrumenten, die in der Zukunft dieselbe Auszahlung liefern, müssen heute denselben Preis besitzen. Gleicherweise gilt, dass ein Instrument, dass in Zukunft immer mehr liefert als ein anderes, heute einen höheren Preis besitzen muss.

Schauen wir uns dazu eine Call-Option auf eine Aktie ohne Dividendenzahlungen an.[36] (Diese Annahme werden wir für diesen Kapitel Abschnitt auch beibehalten). Wir können sagen:

- ☐ Der Wert der Call-Option ist nicht kleiner als null: $c_t \geq 0$. Dies gilt, da man mit dem Kauf einer Option nur Rechte erwirbt und später in keinem Fall etwas zahlen muss. Ein Recht kann zwar wertlos sein, einen negativen Wert hat es aber auf dem Kapitalmarkt nicht.

- ☐ Der Wert der Call-Option ist nicht größer als der aktuelle Aktienkurs. Denn die Auszahlung, die mit dem Kauf einer Aktie verbunden ist, ist S_T, und dies ist nie kleiner als die Auszahlung einer Call-Option (letztere ist $\max(0; S_T - X)$ und ein negatives X ist nicht üblich). Etwas, was in Zukunft immer weniger bringt, muss heute auch weniger kosten.

---

[36] Dividenden können deshalb eine Rolle spielen, weil sie den Aktienkurs mindern. Dies würde z.B. den Wert einer Call-Option verringern, da man als Käufer einer Option keine Dividende erhält.

◻ Wir können auch einen Mindestwert für eine Call-Option angeben: weniger als der aktuelle Kurs des Underlyings minus der diskontierte Strike darf eine Call-Option nicht Wert sein:

$$c_t \geq S_t - X e^{-r_f(T-t)}$$

r_f ist dabei der stetige risikolose Zins.[37] Diese Ungleichung versteht man nun wahrlich nicht auf den ersten Blick. Machen wir es uns folgendermaßen klar: Der rechte Teil der Gleichung entspricht einer Investition in die Aktie plus einem Kredit mit Nominalwert X. Schauen wir uns nun die Auszahlungen des Calls und des Portfolios aus Aktie und Kredit an:

	Auszahlung in T	
	Falls $S_T \leq X$	*Falls $S_T > X$*
Call	*0*	$S_T - X$
Aktie + Kredit mit Rückzahlung X	$S_T - X \leq 0$	$S_T - X$

Wir können die relevanten Unterschiede durch eine Unterscheidung in zwei Fälle erfassen: zukünftiger Aktienkurs ist größer oder kleiner als der Ausübungskurs. Schaut man sich die Auszahlungen an, erkennt man, dass der Call in jedem Zustand (d.h. für jedes S_T) mindestens so viel wie das Portfolio abwirft; und er wirft mehr ab, wenn der Aktienkurs unter dem Strike zu liegen kommt. Was in Zukunft nie weniger abwirft aber manchmal mehr, darf heute auch nicht weniger kosten. Wir können uns die Wertgrenzen auch noch einmal an einer Grafik verdeutlichen (Abb. 6.1).

---

[37] Betrachtet man eine unterjährige Verzinsung beim Zins R_f mit immer mehr Intervallen m ergibt sich auf das ganze Jahr für $m \to \infty$ eine Verzinsung von $\lim [1 + R_f/m]^m = e^{Rf}$. r_f ist in unserer Notation gleich $\ln(1+R_f)$.

Abb. 6.1 Wertgrenzen für eine Call-Option

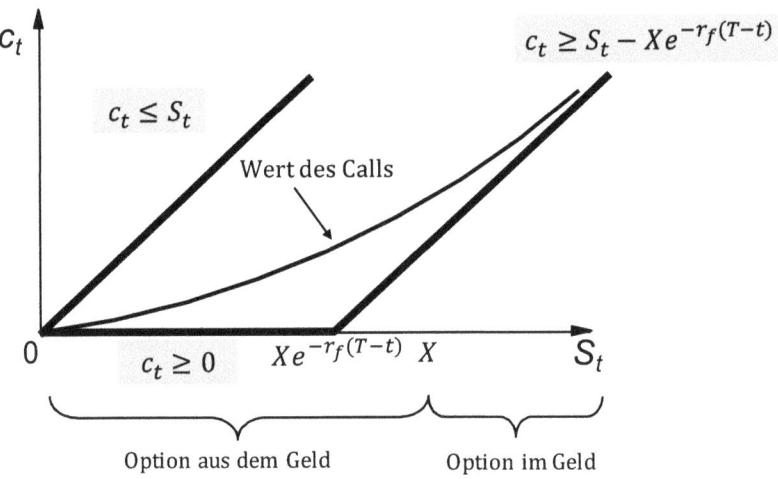

Ein Unterschied zu den Auszahlungsdiagrammen von oben, den man leicht übersehen könnte, liegt in der Beschriftung der x-Achse. Wir tragen dort den aktuellen Wert des Underlyings ab, nicht den zur Fälligkeit (welcher gleich dem Payoff wäre). Wie der Call innerhalb der Wertgrenzen liegt, wissen wir noch nicht. In der Grafik ist aber schon einmal ein typischer Verlauf eingezeichnet. Außerdem wollen wir noch etwas Options-Terminologie kennen lernen. Liegt der Kurs des Underlyings aktuell über (unter) dem Ausübungskurs, spricht man von einem Call, der im Geld bzw. aus dem Geld ist. Ist der Kurs gleich dem Ausübungskurs, sagt man er ist am Geld. Aus dem Geld bedeutet nicht, dass der Call heute wertlos ist. Die Bezeichnung kommt daher, dass der Call bei Fälligkeit wertlos *wäre*, wenn sich der Kurs bis dahin nicht verändern *würde*. Bei Puts dreht sich das Ganze rum: ein Put ist im Geld, wenn der Kurs des Underlyings unter dem Ausübungskurs liegt.

Oft hört man auch den Begriff innerer Wert. Der innere Wert ist das, was man als Auszahlung bekäme, wenn man die Option heute ausübte. Wie wir in der folgenden Abbildung (Abb. 6.2) sehen, liegt er noch unter der Wertuntergrenze, die wir für den Call abgeleitet haben.

Abb. 6.2 Innerer Wert und Zeitwert für $S_t=S^*$

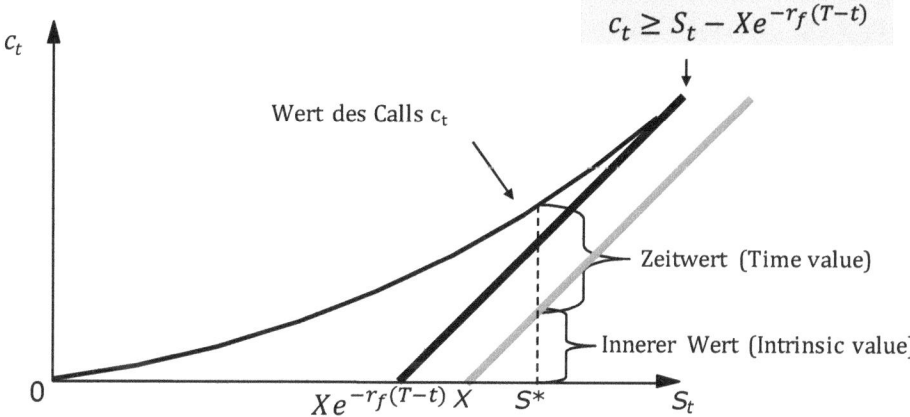

Der Wert des Calls wird nie kleiner als der innere Wert sein, und in der Regel größer. Die Differenz zwischen tatsächlichem Call-Preis und innerem Wert heißt Zeitwert. Die Bezeichnung leitet sich aus folgender Überlegung ab: Wenn ich die Option nicht heute ausübe (was mir den inneren Wert brächte), habe ich die Chance, dass der Kurs des Underlyings noch steigt und ich daher bei späterer Ausübung mehr bekomme. Für diese Chance muss man etwas bezahlen – den Zeitwert.

Hier könnte man einwenden, dass man durch Warten ja nicht nur eine Chance wahrnimmt, sondern Risiken eingeht. Der Kurs könnte ja auch fallen, und man würde später weniger bekommen als wenn man heute ausgeübt hätte. Allerdings gilt, dass die Chancen größer sind als die Risiken: Mit einem Call kann man bei steigenden Kursen sehr sehr viel Geld verdienen – das Schlimmste, was einem auf der anderen Seite passieren kann, ist dagegen, dass man statt des inneren Werts nichts bekommt. Diese Asymmetrie bewirkt, dass die Möglichkeit zu warten einen eigenen Wert, den Zeitwert, hat.

Abschließend noch eine Bemerkung zum relativen Wert von amerikanischen und europäischen Optionen. Von zwei Optionen, die sich nur darin unterscheiden, ob sie amerikanisch oder europäisch sind, sollte die amerikanische immer mehr wert sein. Sie gibt nicht nur dasselbe Recht wie eine europäische (Ausübung am Laufzeitende), sondern auch noch das Recht auf Ausübung während der Laufzeit. Wie gehabt muss aber mehr auch mehr kosten.

Put-Call-Parität

Bislang hatten wir noch nichts darüber gesagt, wie sich der Wert eines Calls zu dem eines Puts auf dasselbe Underlying verhalten soll. Schauen wir uns dazu einmal die Brutto-Auszahlungen folgender Kombinationen an

- ☐ Long Call und Short Put, je mit Ausübungspreis X
- ☐ Aktie + Kredit mit Rückzahlungsbetrag X

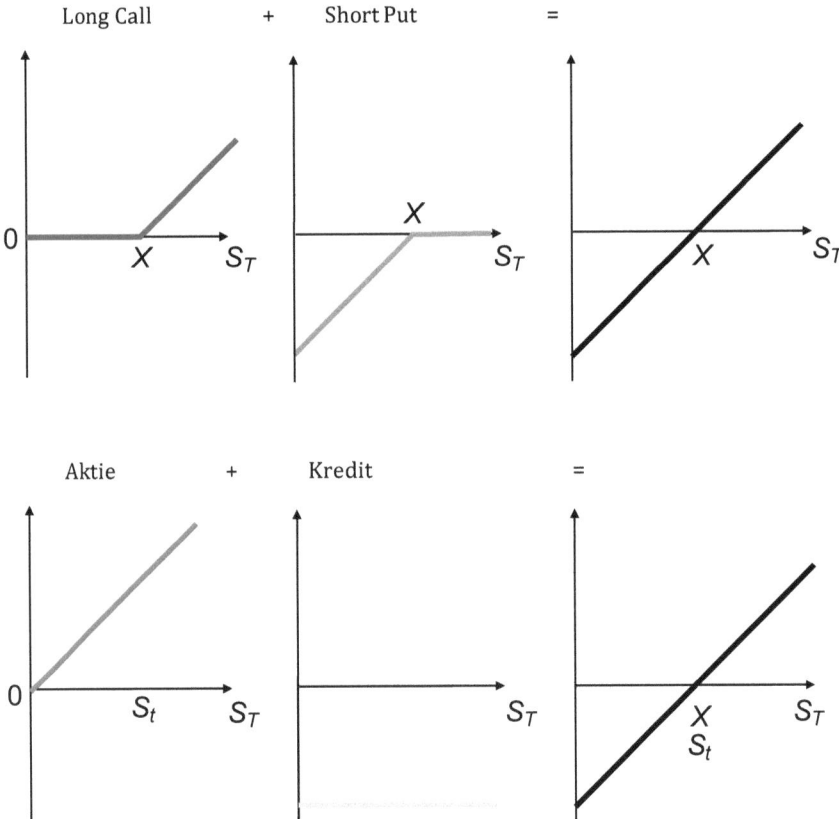

Wie wir sehen, liefern beide Kombinationen exakt denselben Payoff am Laufzeitende. Der heutige Preis für beide muss daher auch derselbe sein, und wir können schreiben (p_t ist der Preis einer Put-Option):

$$c_t - p_t = S_t - Xe^{-r_f(T-t)}$$

Diese Gleichung nennt man Put-Call-Parität. Sie zeigt, dass man Calls auch durch Puts (+ Underlying und Kredit) darstellen kann und umgekehrt. Für die Financial Engineering-Beispiele folgt, dass es in der Regel verschiedene Wege gibt, um ein und dieselbe Auszahlung zu erreichen. Statt mit Calls kann man auch mit Puts arbeiten und umgekehrt.

Die Put-Call-Parität ist auch dann hilfreich, wenn man den Preis einer Optionsart kennt und den der anderen ermitteln will. Dies ist einer der Gründe, warum man bei der eigentlichen Optionsbewertung, um die es im nächsten Abschnitt geht – die Methode oft nur für eine Art – meist für Calls – erklärt.

Optionsbewertung mit dem Binomialbaumverfahren

Zunächst könnte man sich fragen, warum man Optionen nicht mit einem der Verfahren aus früheren Kapiteln bewerten könnte. Warum nimmt man nicht das CAPM oder ein DCF-Verfahren (bei dem der Free Cash Flow direkt gleich der Auszahlung zu setzen wäre)? Bei beiden hätte man das Problem, dass das Risiko und damit der Diskontierungssatz schwer zu bestimmen ist. Nicht nur würde man für eine neue Option gar keine historischen Kurse beobachten, mit denen man das Beta schätzen könnte. Selbst wenn man solche hätte - etwa bei einer Option mit ursprünglicher Laufzeit ein Jahr, die nun noch drei Monate Restlaufzeit hat – stellt sich ein anderes Problem: Das Risiko einer Option ändert sich mit der Zeit (das wird in diesem Abschnitt noch deutlich werden), so dass es problematisch ist, mit einem aus der Vergangenheit fortgeschriebenen Beta zu arbeiten.

Die Optionsbewertung versucht nicht, das CAPM oder DCF anzuwenden und dabei Lösungsmöglichkeiten für die genannten Probleme zu finden. Vielmehr geht man einen Weg, der ganz anders ist. Man macht sich die Erkenntnis zunutze, dass Optionen Derivate sind, deren Wert sich vom Wert des Underlyings ableitet. Die bahnbrechende Einsicht der Optionspreistheorie, die von Fisher Black (vor Nobelpreis verstorben), Robert C. Merton (Nobelpreis 1997) und Myron Scholes (Nobelpreis 1997) begründet wurde, ist folgende: Kennt man den Preis des Underlyings, kann man mit Hilfe von Arbitrageüberlegungen auch den Preis der Optionen ableiten. Dies wollen wir uns an einem Beispiel anschauen – das sehr simplistisch wirken mag, aber leicht zu verallgemeinern ist. Dabei gehen wir wie schon weiter oben und wie auch im weiteren Verlauf davon aus, dass das Underlying keine Dividende bis zur Fälligkeit der Option zahlt:

Stellen wir uns vor, ein Underlying wird heute zu 100 gehandelt. Der Wert in einem Jahr ist heute nicht bekannt, aber wir wissen, dass er entweder 125 oder 75 beträgt. Über eine Call-Option mit Strike 90 und Laufzeit ein Jahr wissen wir daher, dass sie in einem Jahr eine Auszahlung von 35 oder 0 bringt. Diese Daten können wir wie folgt darstellen:

Was wir suchen, ist der Call-Preis c. Diese Aufgabe hätten wir gelöst, wenn wir ein Portfolio zusammenstellen könnten, das am Ende die gleiche Auszahlung bietet wie der Call, und dessen heutigen Preis wir kennen (weil die Portfoliobestandteile am Markt gehandelt werden). Um dieses Portfolio zusammenzustellen, versuchen wir es mit einer Anlage in die Aktie in Höhe von Δ (dies ist die Anzahl der Aktien, die wir kaufen) und einem Zerobond mit Rückzahlung V. Die zwei Anforderungen an unser Portfolio sind wie folgt:

$$\Delta \cdot 125 + V = 35 \quad \text{(I)}$$

$$\Delta \cdot 75 \ + V = 0 \quad \text{(II)}$$

Gleichung (I) gibt den Portfoliowert im oberen Ast wieder, Gleichung II den für den unteren Ast. Zwei Gleichungen mit zwei Unbekannten lösen ist nicht schwer. Aus (II) holen wir uns $V = -\Delta \cdot 75$; eingesetzt in (I) erhalten wir $\Delta = 0{,}7$. Das führt zu $V = -52{,}5$.

Unser Portfolio, das die Call-Auszahlung repliziert (und daher replizierendes Portfolio genannt wird) besteht somit in unserem Beispiel:

☐ aus 7/10 einer Aktie

☐ und einem leerverkauften Zerobond mit Rückzahlungswert 52,5 (was einem Kredit entspricht).

Der Wert des Calls muss gleich dem Wert dieses Portfolios sein, denn wie immer sollten identische Payoffs auch zu identischem Preis führen. Somit gilt (bei einem diskreten Zinssatz von 10%):

Wert Call $\quad c = 0{,}7 \cdot 100 - 52{,}5/1{,}1 = 22{,}27$

Beachten Sie, dass wir hier den aktuellen Wert des Underlyings und den Auszahlungsbetrag des Kredits einsetzen müssen. Letzteren erhalten wir, indem wir den Rückzahlungsbetrag mit dem Zinssatz diskontieren.

Ein Umstand, den wir uns vergegenwärtigen sollten, ist, dass wir für die Bewertung gar nicht wissen müssen, mit welcher Wahrscheinlichkeit das Underlying welchen Wert annimmt (wir hatten ja auch gar keine Annahme darüber getroffen). Das ist auf den ersten Blick nicht ganz intuitiv. Ein Call bringt doch dann viel Geld, wenn die Kurse steigen – dann sollte doch auch wichtig sein, mit welcher Wahrscheinlichkeit sie steigen. Dem kann man jedoch folgende Beobachtungen entgegenhalten:

- Wir bewerten den Call über ein replizierendes Portfolio, und das repliziert den Call exakt, komme was wolle. Wenn wir es einmal zusammengestellt haben, sind die Wahrscheinlichkeiten der zukünftigen Kursentwicklungen daher irrelevant.

- Die Wahrscheinlichkeiten der Kursentwicklung werden den heutigen Kurs des Underlyings beeinflussen und sind daher indirekt auch für den Call-Preis relevant.

Etwas realitätsfern ist das vorgestellte Verfahren natürlich: Aktien und andere Underlyings können in der Zukunft mehr als zwei Werte annehmen. Dem können wir aber schnell abhelfen, indem wir unseren Baum weiter verästeln; weil wir dabei immer zwei Möglichkeiten (Kursanstieg, Kursrückgang) vorsehen, nennt man einen solchen Baum Binomialbaum. Beginnen wir damit, dass wir statt einer Periode zwei modellieren. Am Ende haben wir dann drei mögliche Aktienkurse.

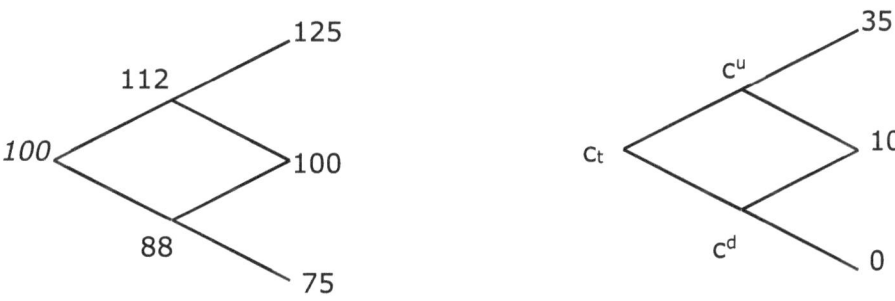

Wie bewerten wir den Call hier? Neben dem aktuellen Call-Preis, an dem wir ja interessiert sind, haben wir jetzt noch weitere Unbekannte, nämlich die Callpreise in einer Periode. Diese drei können wir aber nacheinander durch Rückwärtsinduktion bestimmen. Dazu betrachten wir die letzte, obere Verzweigung: Sie entspricht von der Struktur genau dem einperiodigen Beispiel, das wir vorhin gelöst haben. Wir kennen die Aktien-kurse, wir kennen die Call-Auszahlungen am Ende der Periode – wir suchen den Call-Preis am Anfang der Periode. Daher können wir den Call-Preis c^u im oberen Ast genauso wie oben auch bestimmen:

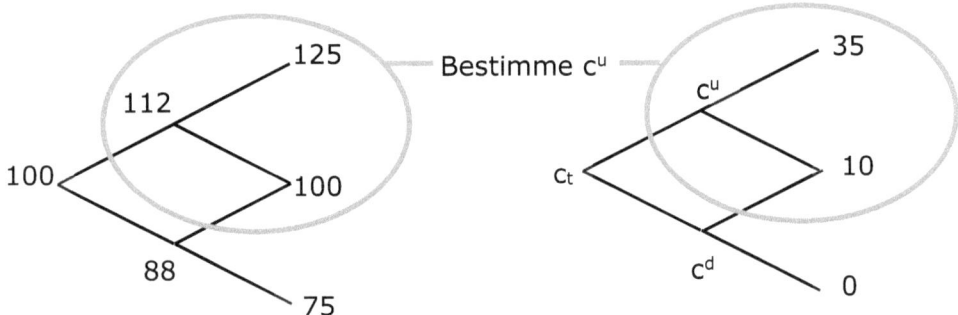

Genauso können wir c^d bestimmen. Haben wir c^u und c^d, führen wir das gleiche Spiel für die erste Verzweigung durch. Am Ende erhalten wir den gesuchten Call-Preis c_t. Hier die kompletten Berechnungen, für die wir annehmen, dass eine Periode einem halben Jahr entspricht; der diskrete Zinssatz pro Jahr ist wieder 10%:

☐ Bestimmung von c^u:

$\Delta \cdot 125 + V = 35$ (I) $\Delta \cdot 100 + V = 10$ (II)

$=> \Delta = 1,$ $V = -90$ $=> c^u = 1 \cdot 112 - 90 / 1{,}1^{0{,}5} = 26{,}19$

☐ Bestimmung von c^u:

$\Delta \cdot 100 + V = 10$ (I) $\Delta \cdot 75 + V = 0$ (II)

$=> \Delta = 0{,}4,$ $V = -30$ $=> c^d = 0{,}4 \cdot 88 - 30 / 1{,}1^{0{,}5} = 6{,}60$

☐ Bestimmung von c_t:

$\Delta \cdot 112 + V = 26{,}19$ (I) $\Delta \cdot 88 + V = 6{,}60$ (II)

$=> \Delta = 0{,}81$ $V = -65{,}24$ $=> c_t = 0{,}81 \cdot 100 - 65{,}24 / 1{,}1^{0{,}5} = 19{,}43$

Was man an diesem Beispiel sehr schön sieht ist, dass das Delta des replizierenden Portfolios sich ändert. Anfangs ist es 0,81, später entweder 1 (für den oberen Ast) oder 0,4 (für den unteren). Der Aktienanteil, der implizit in einem Call enthalten ist, ändert sich damit über die Zeit; entsprechend ändert sich auch die Höhe des impliziten Kredits. Haupttreiber ist das Verhältnis von aktuellem Kurs des Underlyings zum Strike. Je weiter ein Call im Geld ist, desto eher verhält er sich wie das Underlying selbst. Je weiter ein Call aus dem Geld ist, desto höher ist der Kreditanteil und desto höher ist damit die Hebelwirkung. Das kann man auch am Gewinnpotential sehen: Investiert man im oberen Ast nach einer Periode in den Call, hat man die Chance, 34% zu gewinnen (35/26,19-1). Im unteren Ast ist ein Gewinn von 52% möglich (10/6,60-1)

Die nächsten Schritte zur Verallgemeinerung des Verfahrens sind nicht schwer. Wir können den Baum beliebig oft verästeln, so dass wir am Ende viele mögliche Aktienkurse erhalten und damit gut an das herankommen, was wir am Markt an Möglichkeiten sehen. Allerdings sollten wir dabei beachten, dass wir die Breite der möglichen Kurse passend modellieren. Denn sie wirkt sich durchaus auf den Wert der Option aus. Wenn wir im ersten, einperiodigen Beispiel statt der Endwerte 125 bzw. 75 die Werte 115 bzw. 85 annehmen, geht der Wert des Calls von 22,27 auf 18,94 zurück. Warum eine höhere Streuung des Underlyings den Optionswert nach oben treibt, lässt sich folgender Maßen erklären: Streuung ist deshalb gut für Käufer, weil sie dann weiter im Geld landen und viel für den Call bekommen können; sie landen auch mal weiter aus dem Geld, aber wie weit sie aus dem Geld landen, kümmert sie gar nicht, da sie dort immer eine Auszahlung von null haben.

In der Praxis geht man bei der Konstruktion eines Binomialbaums folgendermaßen vor: man schätzt die Volatilität der logarithmierten Renditen des Underlyings. Dies hat unter anderem den Vorteil, dass man die Standardabweichung mit der Wurzel-T-Regel leicht von einer Periodizität in die andere umrechnen kann. Dies ist für das Erstellen des Baums sehr hilfreich. Der Baum wird dann wie folgt entwickelt (hier am Beispiel eines Baums mit drei Perioden):

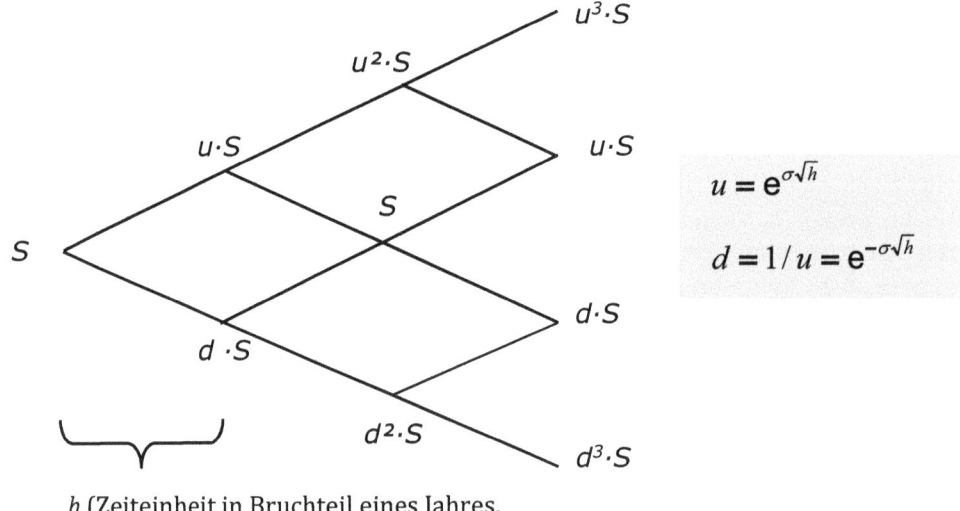

h (Zeiteinheit in Bruchteil eines Jahres,
z.B. h=1/12 wenn Periodenlänge=1 Monat)

Die einzelnen Teilperioden eines solchen Baums sind immer gleich lang. Ihre Länge drückt man in Bruchteilen eines Jahres aus. Beträgt die Fälligkeit der Option zum Beispiel sechs Monate und wählt man drei Verzweigungen, so erstreckt sich jede Teilperiode über zwei Monate und hat die Länge h=2/12.

Als prozentualen Kursanstieg bzw. -rückgang setzt man immer wieder die gleichen Werte an. Die entsprechenden Symbole sind hier u (für up) für den Faktor, der durch Multiplikation mit dem vorherigen Wert zum neuen höheren Wert führt, und $d = 1/u$ für den down-Faktor. Dadurch, dass man für die Höhe des Kursrückgangs den Kehrwert des Kursanstiegs ansetzt, erreicht man, dass die Äste immer wieder auf dem gleichen Niveau zusammenlaufen und damit ein überschaubares Rautengitter entsteht. Um die Volatilität korrekt abzubilden, setzen wir u gleich $e^{\sigma\sqrt{h}}$. Machen wir uns kurz klar, warum. Über eine Periode ergibt sich folgende Standardabweichung für die logarithmierten Renditen des Underlyings (p ist dabei die Wahrscheinlichkeit, auf dem oberen Ast zu landen):

$$St.\,abw. = \sqrt{p(\ln(u) - \bar{r})^2 + (1 - p)(\ln(d) - \bar{r})^2}$$

$$= \sqrt{p\left(\ln\left(e^{\sigma\sqrt{h}}\right) - \bar{r}\right)^2 + (1 - p)\left(\ln\left(e^{-\sigma\sqrt{h}}\right) - \bar{r}\right)^2}$$

$$= \sqrt{p\left(\sigma\sqrt{h} - \bar{r}\right)^2 + (1 - p)\left(-\sigma\sqrt{h} - \bar{r}\right)^2}$$

wobei $\bar{r}$ den Erwartungswert der logarithmierten Renditen bezeichnet. Dieser Ausdruck für die Standardabweichung soll gleich σ sein. Dass er das ist, können wir sehen, wenn wir die Wahrscheinlichkeit für einen Kursanstieg auf 0,5 setzen; das ist deshalb eine sinnvolle Wahl, da unsere Methode dann besonders gut sein wird, wenn die Periodenlänge sehr klein ist – dann ist aber die Wahrscheinlichkeit eines Kursanstiegs kaum von der eines Rückgangs verschieden. Mit $p=0,5$ erhalten wir:

$$St.\,abw. = \sqrt{0,5\left(\sigma\sqrt{h} - 0\right)^2 + 0,5\left(-\sigma\sqrt{h} - 0\right)^2} = \sigma\sqrt{h}$$

Die Standardabweichung über eine Periode ist also $\sigma\sqrt{h}$. Das ist genau das, was wir gemäß Wurzel-T-Regel erwarten; unser Baum wird daher die vorgegebene Volatilität σ widerspiegeln.

Binomialbäume kann man sehr gut in Tabellenkalkulationsprogrammen aufstellen und lösen; bei der Lösung geht man wieder von rechts nach links, löst also den Baum von der Zukunft her durch Rückwärtsinduktion. Eine Excel-Datei finden Sie auf der Webseite zu dem Buch; eine konkrete Anwendung in der nächsten Box. Bei der Implementierung sind folgende allgemeine Beziehungen hilfreich. Für das Δ eines Calls und den Nominalwert V des Zerobonds gilt in der Binomialbaumbewertung:

$$\Delta = \frac{c^u - c^d}{S^u - S^d}$$

$$V = c^d - \Delta S^d$$

wobei c^u bzw. c^d wie gehabt die Optionspreise am oberen bzw. unteren Ende der aktuellen Verzweigung bezeichnen; S^u und S^d bezeichnen analog dazu die Preise des Underlyings am Ende der aktuellen Verzweigung. Um die Formel herzuleiten, können Sie einen einperiodigen Baum zeichnen, statt konkreter Zahlen die hier eingeführten Symbole wählen, und anschließend Δ und V wie gehabt bestimmen.

Anwendung

Calls auf den DAX mit Strike 13000 und Fälligkeit 21.09.18 wurden am 18.05.18 zu Handelsschluss zu 461,30 Euro gehandelt. Vollziehen Sie diese Bewertung mit der Binomialbaummethode nach.

Dazu besorgen wir uns zunächst den DAX-Stand vom 18.05.18: 13077,72. Für den Zinssatz nehmen wir den Euribor (siehe www.emmi-benchmarks.eu). Da ein 4-Monats Euribor, der der Laufzeit der Option exakt entsprechen würde, nicht verfügbar ist, nehmen wir näherungsweise den 3-Monats Euribor. Er betrug am 18.05.18 -0,326% p.a. Die Volatilität berechnen wir hier zunächst einmal als annualisierte Standardabweichung der logarithmierten DAX-Renditen der vergangenen vier Monate, was einen Wert von 16,30% ergibt.

Bis zur Fälligkeit sind es vier Monate. Wenn wir vier Perioden wählen, hat jede die Länge eines Monats. Der Kursanstieg u für eine Verzweigung ist $e^{0,1630 / \sqrt{12}}$. Dies liefert folgenden Baum für das Underlying DAX

Baum für DAX				15785,25
			15059,88	
		14367,85		14367,85
	13707,61		13707,61	
13077,72		13077,72		13077,72
	12476,77		12476,77	
		11903,44		11903,44
			11356,45	
				10834,59

Wir verwenden die Replikationsmethode, um durch Rückwärtsinduktion auf den Call-Preis zu kommen. Als Zinssatz für eine Periode (= 1 Monat = 1/12 Jahr) setzen wir dabei 0,99674[(1/ 12)] – 1 an.* Wir gelangen damit zu folgendem Baum für den Call:

Baum für Call				2785,25
			2056,35	
		1360,77		1367,85
	846,59		704,08	
506,14		361,24		77,72
	184,81		37,73	
		18,32		0,00
			0,00	
				0,00

Unser Ergebnis 506,14 kommt dem Marktpreis 461,30 recht nahe. Die Abweichung beträgt weniger als 10%. Da der Markt nicht unbedingt von der Volatilität ausgegangen ist, die wir angesetzt haben, könnte die Abweichung unter anderem daran liegen. Mit einer Volatilität von 14,71% würde man den Marktpreis genau treffen.

* Bei der Umrechnung des p.a. Zinses sollte man sich genau genommen an der dem Zins zugrundeliegenden Konvention für unterjährige Zinsrechnung orientieren – einen großen Unterschied macht dies hier aber nicht.

Black-Scholes-Formel und implizite Volatilität

Wenn man die Perioden im Binomialbaum immer kleiner – und den Baum damit realitätsnäher – macht, kann man zeigen, dass der Optionswert gegen einen Wert konvergiert, der durch folgende Formel ausgedrückt ist:

$$c_t = S_t \cdot \Phi(d_1) - X e^{-r_f(T-t)} \Phi(d_2)$$

$$\text{mit:} \quad d_1 = \frac{\ln(S_t/X) + (r_f + \sigma^2/2)(T-t)}{\sigma\sqrt{T-t}}$$

$$d_2 = d_1 - \sigma\sqrt{T-t}$$

Wie gehabt ist S der Kurs des Underlyings, X der Strike, T der Fälligkeitszeitpunkt und σ die Volatilität der logarithmierten Renditen des Underlyings. r_f ist der stetige risikolose Zins und als Symbol für die Verteilungsfunktion der Standardnormalverteilung wählen wir wie früher schon Φ. Wie bislang nimmt man dabei an, dass das Underlying während der Laufzeit keine Dividende zahlt.[38]

Dies ist die berühmte und mit einem Nobelpreis gewürdigte Black-Scholes-Formel. Auch wenn wir uns ihre Herleitung hier nicht näher anschauen, können wir die Formel doch verstehen. Ihre Struktur entspricht nämlich genau der Formel, die wir im einperiodigen Binomialbaum gesehen hatten. Dort ergab sich der Call-Preis als Δ·Aktien + Kredit. Dem Delta entspricht hier das $\Phi(d_1)$, das wie gehabt mit dem Aktienkurs multipliziert wird. Der Kredit hat hier eine Höhe von X· $\Phi(d_2)$, Die Volatilität, um deren Abbildung wir uns Mühe gegeben haben, finden wir in der Formel genauso wieder wie die Laufzeit oder den Zinssatz. Was wir wiederum nicht finden, ist die erwartete Rendite des Underlyings – mit den gleichen Gründen wie zuvor. Auch die Black-Scholes-Formel baut auf der Replikation der Option auf.

Dieses Portfolio wird gedanklich in jedem Moment angepasst, sofern erforderlich (das entspricht genau der Verkleinerung der Periodenlänge im Binomialbaummodell). Eine solche stetige Anpassung kann in der Praxis teuer werden – grade bei wenig gehandelten Underlyings. Allerdings ist das Problem bei häufig gehandelten Underlyings oft nicht sehr bedeutsam. Unterstellt man, dass man das Portfolio z.B. nur wöchentlich anpasst, ergeben sich oft nur geringe Unterschiede zu dem theoretischen Black-Scholes-Wert.

---

[38] Varianten der Formel für Underlyings mit Dividendenausschüttung sind verfügbar.

In der Praxis hat die Black-Scholes-Formel seit ihrer Entdeckung Anfang der 1970er Jahre einen enormen Siegeszug angetreten. Sie wird verwendet, um unterschiedlichste Optionen – z.B. auch Aktienoptionen, die ein Manager als Zusatzvergütung erhält – zu bewerten. Allerdings ist es nicht so, dass die Optionspreise sich am Markt quasi automatisch und eindeutig dadurch bestimmen, dass man die Black-Scholes-Formel füllt und den Black-Scholes-Wert als Marktpreis ansetzt. Ein Grund liegt darin, dass ein wesentlicher Parameter der Formel – die Volatilität – nicht beobachtbar ist. Man kann sie schätzen, aber auf verschiedenen Wegen, so dass Marktteilnehmer zu unterschiedlichen Einschätzungen gelangen können. Optionspreise werden widerspiegeln, mit welcher Volatilität der Markt im Durchschnitt rechnet. Diese Volatilität kann man ermitteln, indem man einen am Markt beobachteten Optionspreis für das c_t in der Black-Scholes-Formel einsetzt und diese nach σ auflöst. Dies muss man zwar numerisch machen, aber schon mit Excel ist dies in der Regel kein Problem. Die so bestimmte Volatilität nennt man implizite Volatilität, denn es ist die Volatilität, die der Marktpreis bei Gültigkeit des Black-Scholes-Modells impliziert.

Und dann ist es natürlich so, dass die Annahmen des Black-Scholes-Modells nicht unbedingt erfüllt sein müssen. In der Finanzierungstheorie gibt es einige alternative Modelle. Sie berücksichtigen zum Beispiel, dass die Volatilität über die Zeit schwanken kann.

Determinanten des Optionspreises

Mit Hilfe der Black-Scholes-Formel kann man leicht ermitteln, wie sich der Optionspreis ändert, wenn sich einer der relevanten Größen ändert, die anderen nicht (Ceteris-paribus-Analyse); man würde dazu die Black-Scholes-Formel nach der betreffenden Größe ableiten. Die Wirkungsrichtungen sind wie folgt:

	Call-Preis	Put-Preis p
Underlying-Kurs S_t	+	-
Strike X	-	+
Volatilität σ	+	+
Restlaufzeit T-t	+	+/-
Zinssatz r_f	+	-

Machen wir uns kurz intuitiv klar, warum genau diese Wirkungsrichtungen bestehen. Zunächst für Calls (jeweils ceteris paribus, wie oben beschrieben):

□   je höher der Underlying-Kurs heute, desto weiter kann der Call bei Fälligkeit im Geld landen

- je niedriger der Strike, desto weiter kann der Call bei Fälligkeit im Geld landen

- je höher die Volatilität, desto weiter kann der Call bei Fälligkeit im Geld landen

- Restlaufzeit: wie bei Volatilität, da mit der Laufzeit die Schwankungsbreite der Kurse zunimmt (vgl. Wurzel-T-Regel)

- je höher der Zins, desto teurer der Kredit, der Bestandteil des Calls ist.

Beim Put-Preis erklärt sich die Wirkung der Volatilität analog zum Call; die des Underlying-Kurses und des Strike drehen sich um, da man als Käufer eines Puts bei niedrigen Kursen und hohen Strikes eine höhere Auszahlung bekommt. Während ein Call in etwa einer Aktie plus Kredit entspricht, entspricht ein Put dem Leerverkauf einer Aktie kombiniert mit einer risikolosen Anlage (Zerobond long). Damit können wir die übrigen Wirkungen auf den Put-Preis verstehen:

- eine Erhöhung der Laufzeit hat zwei unterschiedliche Wirkungen: zum einen steigt damit die Schwankungsbreite (positiv). Zum anderen wird der Zerobond, der Bestandteil des Puts ist, billiger (negativ). Was überwiegt kann man zwar für einen bestimmten Put ausrechnen, eine allgemeine Aussage über die Richtung ist jedoch nicht möglich. Beim Call gehen die beiden Effekte dagegen in dieselbe Richtung.

- je höher der Zinssatz, desto billiger ist der Zerobond, der Bestandteil des Puts ist.

Den Einfluss der einzelnen Größen kann man am Computer gut visualisieren. Spielen Sie einfach ein wenig mit der Datei Optionspreisdeterminanten herum, die auf der Webseite zu dem Buch zur Verfügung steht.

Handel von Optionen

Wer Optionen kaufen oder verkaufen will, hat dafür folgende Möglichkeiten:

- Eingehen von Optionskontrakten (Long und Short) an einer Terminbörse (z.B. Eurex in Deutschland). Die Kontrakte sind dabei standardisiert z.B. beziehen sich Optionen auf DAX-Aktien auf je 10, 100, 500, oder 1000 Aktien; Fälligkeitszeitpunkte sind feste Tage im März, Juni, September, Dezember. Außerdem verlangt die Börse Sicherheiten, wenn man Optionen verkauft. Denn Verkäufer müssen bei Fälligkeit eventuell größere Beträge zahlen, und es kann sein, dass sie dazu nicht in der Lage sind (Erfüllungsrisiko). In diesem Falle würde die Börse einspringen, so dass für Optionskäufer kein Risiko besteht. Die Sicherheiten gewährleisten, dass die Börse in einem solchen Fall selbst keinen Nachteil erleidet. Als Sicherheiten können das Underlying selbst, andere Wertpapiere oder Geld dienen.

□ Eingehen von Optionskontrakten direkt mit einem anderen Marktteilnehmer. Meist sind es Investmentbanken, die solche „over-the-counter" genannten Geschäfte mit Industrieunternehmen, Versicherungen, Investmentfonds sowie anderen Banken abschließen.

□ Kauf eines Optionsscheins an der Börse. Optionsscheine sind Wertpapiere, die von Banken emittiert werden, und deren Auszahlung denen von Optionen (Long) entspricht.

6.4 Forwards und Futures

Eigentlich haben wir in diesem Kapitel mit dem schwierigeren Teil begonnen. Forwards und Futures kann man mit der gleichen Grundidee wie Optionen bewerten – durch Replikation – aber diese Replikation läuft etwas einfacher. Anders als Optionen wird das bei Forwards und Futures heute vereinbarte Geschäft in der Zukunft auf jeden Fall durchgeführt. Keiner der Parteien hat ein Wahlrecht. Damit fällt der Knick in der Auszahlungsfunktion weg und die Bewertung wird einfacher.

Auszahlungsstruktur und Kontraktspezifikationen

Sowohl Forwards als auch Futures sind Termingeschäfte. Man trifft heute (in t=0) eine Vereinbarung, an einem zukünftigen Tag T zum heute festgelegten Preis F_T einen Gegenstand zu handeln. Der Käufer ist „long", der Verkäufer ist „short". Anders als bei Optionen zahlt der Käufer bei Vertragsabschluss per Konvention nichts an den Verkäufer. Der Unterschied zwischen Forwards und Futures besteht darin, dass Futures an der Börse gehandelt werden. Auszahlungsdiagramme haben folgende Form (Brutto wie Netto, da der heutige Preis null ist):

Payoff Long Forward/Future

Payoff Short Forward/Future

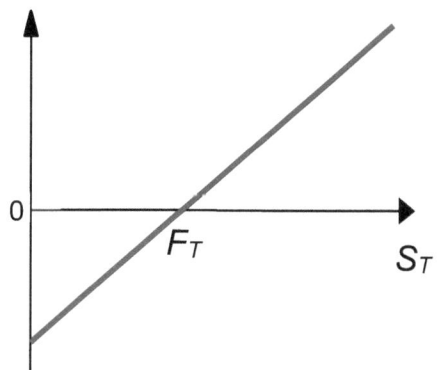

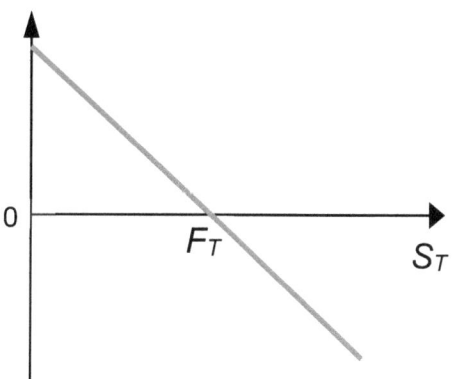

Ist man long, profitiert man somit, wenn der zukünftige Kurs S_T über dem vereinbarten Terminkurs F_T liegt. Denn man kann dann billiger als am Markt einkaufen. Diesem Vorteil steht der Nachteil des Verkäufers gegenüber. Umgekehrt verhält es sich, wenn der zukünftige Kurs unter dem Terminkurs liegt. Forwards und Futures eignen sich gut, um zukünftige Risiken zu eliminieren. Betrachten wir dazu einen Landwirt, der heute 500 Kälber zum Preis von je 100 kauft. Nach der Aufzucht, die mit Kosten von 300 pro Kalb verbunden sein sollen, möchte er sie als Rinder verkaufen. Das Risiko besteht in dem Rinderpreis S_T. Der Gewinn des Landwirts ist

$$G = 500 \cdot (S_T - 400)$$

Mit einem Short-Forward auf 500 Rinder kann er dieses Risiko eliminieren:

$$G = 500 \cdot (S_T - 400) + 500 \cdot (F_T - S_T)$$
$$= 500 \cdot (F_T - 400)$$

Der Gewinn hängt vom Terminkurs F_T ab, der aber heute vereinbart wird und daher bekannt ist. Einen solchen Einsatz von Derivaten zur Risikoreduktion nennt man Absicherung, Hedge oder Hedging.

Futures sind standardisiert, um den Börsenhandel zu vereinfachen (z.B. hinsichtlich der Menge an Gütern, deren Kauf bei einem Kontrakt vereinbart wird, oder der Fälligkeit). Außerdem übernimmt die Börse das Erfüllungsrisiko und verlangt dafür Sicherheiten (Margins). Forwardgeschäfte dagegen werden direkt zwischen zwei Parteien abgeschlossen (Over the counter).

Es gibt zwei Möglichkeiten, wie das vereinbarte Geschäft bei Fälligkeit abgewickelt wird:

    □   Lieferung / Physisches Settlement: Der Handel wird tatsächlich durchgeführt. Der Verkäufer liefert den Gegenstand, und der Käufer zahlt den Preis (beides in T). Um eine reibungslose Abwicklung zu garantieren, gibt es dafür bei Futures umfangreiche Bestimmungen. Bei einem Weizen-Future würde man z.B. Vorgaben für den Feuchtigkeitsgehalt, den Eiweißgehalt, den Grad der Verunreinigungen und vieles mehr machen.[39]

    □   Barausgleich / Cash-Settlement: Liegt der vereinbarte Terminkurs unter dem Marktpreis in T, zahlt der Verkäufer an den Käufer die Differenz zwischen beiden (mal die Kontraktmenge). Liegt der Terminkurs über dem Marktpreis, zahlt der Käufer. Vor- und Nachteile für Käufer und Verkäufer sind damit dieselben wie beim physischen Settlement, aber man spart sich die direkte Abwicklung der Transaktion.

Hier ein kleines Beispiel: Über einen Forward hat Bank A vereinbart, von Bank B eine Mio USD zum Terminkurs 0,8 Euro/USD zu kaufen. Am Fälligkeitstag beträgt der Kurs 0,9 Euro/USD. Bank A kauft mit dem Forward also billiger als auf dem Devisenkassamarkt.

    □   Physisches Settlement: Bank A erhält von Bank B eine Mio. USD und zahlt 0,8 Mio. Euro an B.

    □   Cash Settlement: Bank B zahlt an Bank A den Differenzbetrag: 0,8 Mio. Euro - 1 Mio. USD × 0,9 USD/Euro = 100.000 Euro.

Bewertung

Ist man long in einem Forward, kauft man ein Gut in Zeitpunkt T und muss dafür den Forwardpreis F_T zahlen. Wie kann man dies replizieren? Man nimmt einen Kredit mit Rückzahlungskurs F_T auf. Damit ist die Zahlung in T abgedeckt. Mit diesem Geld kauft man das Gut schon heute und legt es zur Seite – dann hat man es auch in T.

Schauen wir es an einem Beispiel an: Forward auf den DAX in T zum Kurs von 12200. Aktueller Kurs S_t sei 12000 Euro, Zins sei R_f=1% p.a. Kaufen wir heute in t den DAX und nehmen einen Kredit mit Rückzahlungsbetrag 12200 auf, ergeben sich folgende Zahlungen:

---

[39] Vgl. zum Beispiel die Bestimmungen der Terminbörse Euronext auf https://derivatives.euronext.com/en/products/commodities-futures/EBM-DPAR/contract-specification

	Zahlung in t	Zahlung in T
Long Forward		$S_T - 12200$
Replizierendes Portfolio	$-12000 + 12200/1{,}01^{(T-t)}$	$S_T - 12200$

Die Zahlungen sind somit in T identisch. Daher muss der Wert des Long Forwards auch in t gleich dem des replizierenden Portfolios sein. Wenn wir die Zahlen des Beispiels mit Symbolen füllen, erhalten wir folgende Beziehung. Der Wert des Forward-Kontraktes in t bei Terminkurs F_T und Fälligkeit in T beträgt:

$$S_t - F_T / (1 + R_f)^{(T-t)}$$

Da es aber üblich ist, Kontrakte so zu spezifizieren, dass ihr Wert gleich null ist, setzt man die Bewertungsgleichung gleich null. Man löst sie nach F_T auf und erhält den arbitragefreien Terminkurs:

$$S_t - F_T / (1 + R_f)^{(T-t)} = 0 \Rightarrow F_T = S_t (1 + R_f)^{(T-t)}$$

Der Terminkurs ergibt sich hier somit einfach als aufgezinster Kurs des Underlyings. Dabei könnte man vielleicht erwarten, dass für den Terminkurs die Erwartungen über die Zukunft eine Rolle spielen und sich in der Bewertung niederschlagen sollten. Dem ist nicht so, da man den Forward/Future mit Transaktionen replizieren kann, die heute stattfinden und deren Preise bekannt sind. Wenn Sie in der Zeitung oder sonst wo Futurespreise sehen, sind es die Terminkurse F_T – die immer so gewählt werden, dass der aktuelle Wert des Futures gleich null ist.

Die hier vorgestellte einfache Bewertung muss freilich in dem einen oder anderen Fall erweitert werden, insbesondere weil bei der Replikation Vor- und Nachteile entstehen können, die bei einem Forward/Future nicht entstehen. Stellte man zum Beispiel ein replizierendes Portfolio für einen Ölfuture auf, müsste man heute Öl bunkern und bis Fälligkeit lagern. Das verursacht Lagerkosten, könnte aber auch Vorteile bringen – etwa wenn ein Unternehmen auch Öl für seine eigene Produktion braucht und das Öl des replizierenden Portfolios als Puffer für den eigenen Verbrauch verwendet. Solche Vor- und Nachteile kann man als zusätzliche Zahlungen auffassen, die dazu führen, dass der Wert des Forwards/Futures nicht notwendigerweise gleich dem Kaufpreis des replizierenden Portfolios ist.

6.5   Wie passt alles zusammen?

Bei der Bewertung von Optionen und Forwards/Futures haben wir einen Ansatz kennengelernt, der sich auf den ersten Blick deutlich vom CAPM unterscheidet. Heißt dies nun, dass unsere Theorien unterschiedliche Ergebnisse liefern und sich somit die Frage nach der richtigen Theorie stellt? Nein.

Die Bewertung von Forwards/Futures ist vollkommen mit dem CAPM konsistent. Hier ein Beispiel: Kombiniert man ein DAX-Investment mit einem Short-Forward auf den DAX ergibt sich folgende Auszahlung am Ende:

$$S_T + (F_T - S_T) = F_T$$

Die Rendite ist – sofern der Forwardkurs wie in diesem Kapitel vorgestellt ermittelt wird:

$$F_T / S_t - 1 = S_t (1+R_f)^{(T-t)} / S_t - 1$$

was bei einer Laufzeit von einem Jahr $T-t=1$ gerade R_f ist. Eine Verzinsung von R_f würde aber auch das CAPM für das Portfolio fordern – denn es ist risikolos und hat daher ein Beta von null.

Die Bewertung von Optionen ist dann mit dem CAPM konsistent, wenn das CAPM auch für Optionen gilt; letzteres kann der Fall sein (z.B. wenn Anleger eine quadratische Nutzenfunktion haben), muss aber nicht (Renditen auf Optionen sind oft weit davon entfernt, einer Normalverteilung zu folgen). Einen Widerspruch zwischen beiden Ansätzen gibt es nicht. Wenn das CAPM gilt, kommt bei richtiger Anwendung derselbe Optionswert heraus wie bei der Optionsbewertung. Calls auf Underlyings mit positivem Beta haben dann eine höhere erwartete Rendite als Puts, denn das Beta von Calls ist in diesem Fall auch positiv (und kann recht hoch sein), das von Puts ist negativ (implizit ist man ja short im Underlying). Wenn das CAPM nicht gilt, kann doch die Optionspreistheorie gelten, denn sie ist allgemeiner als das CAPM. Sie braucht keine Annahme über die Rendite-Risiko-Präferenzen der Investoren. Es reicht anzunehmen, dass Investoren risikolose Gewinnmöglichkeiten ausnutzen – denn dies eliminiert Arbitragemöglichkeiten und rechtfertigt die Bewertung mit replizierenden Portfolios.

***

Bei Optionen
kommt das Sigma groß heraus
das Mü – bleibt zu Haus.

7 Schlussbemerkungen – Wie man Finanztheorie prägnant charakterisieren könnte

Do it yourself

Aktienmärkte gelten bei nicht wenigen Menschen als Ort, wo sich zwar viele tummeln, aber nur die gewieften Experten Erfolg haben. Die anderen verbrennen sich die Finger, wenn sie sich keinen Rat holen. Das ist ganz und gar nicht das, was die Finanzmarkttheorie sagt. Eines der zentralen Ergebnisse der Theorie ist, dass man sein Geld nicht besser als in einen wertgewichteten Index investieren kann. Dazu braucht man keine Aktientipps, muss sich nicht mit den Unternehmen vertraut machen, und braucht auch keine größeren Beträge. Schon mit 100 Euro ist man dabei und kann den Markt über Indexfonds günstig erwerben. Do it yourself ist hier kaum zu schlagen (das lehrt übrigens nicht nur die Theorie, sondern auch die Praxis – Indexfonds schneiden regelmäßig besser ab als Fonds, die das Ziel haben, besser als der Index zu sein).

Do it yourself gibt auch bei anderen Problemen klare Antworten. Wenn man sich fragt, ob verschuldete Unternehmen mehr oder weniger wert sind als unverschuldete, kann man sich aus einem unverschuldeten ein verschuldetes zusammenbasteln, indem man selbst einen Kredit aufnimmt und diesen mit der Aktie zusammen betrachtet.

Wenn Banken Anlegern komplex erscheinende Zertifikate mit Namen wie Kick-Start-Zertifikat, Protect-Zertifikat oder Bonus-Zertifikat anbieten, steckt in der Regel auch nicht mehr als eine Kombination gängiger Optionstypen dahinter. Solche Kombinationen könnte man als Privatanleger prinzipiell selbst zusammenstellen. Dass es sinnvoll sein kann, hier wie auch anderswo auf das Angebot der Banken zurückzugreifen statt sich selbst die Auszahlungsstruktur eines bestimmten Zertifikats zu basteln, liegt selten an der Komplexität des Ganzen, sondern meist an Transaktionskosten. Durch die Produktion in großem Stil kann eine Bank besondere Auszahlungsprofile billiger herstellen als jemand, der es nur für sein eigenes Depot macht.

The city never sleeps

Wenn alles so einfach ist - warum gibt es dann trotzdem so viele Experten, die viel Geld dafür bekommen, dass sie renditeträchtige Anlagechancen aufspüren? Nun, jemand muss dafür sorgen, dass das Gleichgewicht zustande kommt, in dem dann alles so einfach ist wie oben beschrieben. Es sind z.B. Hedgefondsmanager, die Fehlbewertungen ausfindig machen und dann durch den Aufbau entsprechender Positionen Profit draus ziehen. Wenn dies gut funktioniert, wird das gar nicht weiter auffallen. Da immer jemand in den Finanzzentren der Welt wach ist, der gegensteuert, wird es in der Regel nicht zu großen Fehlbewertungen kommen. Preise werden daher alle verfügbaren Informationen weitgehend widerspiegeln – denn wenn sie es nicht täten, könnte man davon profitieren, auf diese Informationen hin zu handeln. Jemand würde es tun, und die Preise würden sich anpassen. In der Finanzierungstheorie wird ein Kapitalmarkt, auf dem Preise alle Informationen widerspiegeln, informationseffizienter Markt oder auch nur effizienter Markt genannt. Ob Kapitalmärkte effizient sind, also Informationseffizienz vorliegt, wird schon lange heiß diskutiert. Eine plausible Einschätzung ist, dass die Märkte nicht perfekt, aber weitgehend effizient sind. Gerade so, dass man durch genaue Analysen und darauf aufbauende Handelsstrategien zwar überdurchschnittliche Erfolge erzielen kann, dies aber alles andere als leicht ist. Wenn Sie jemanden treffen, der von der Ineffizienz der Märkte überzeugt ist, fragen Sie ihn, wie viele Millionen er schon durch Ausnutzen der Ineffizienzen verdient hat. Und akzeptieren Sie keine Millionen, die durch Verkauf überteuerter Finanzprodukte an Kunden verdient wurden. Das ist auch ein Markt, aber nicht der, den man bei Betrachtung der Informationseffizienz im Blick hat.

Aber heißt das nicht doch, dass man doch clever und informiert sein und viel Zeit investieren muss, um an den Kapitalmärkten richtig Erfolg zu haben? Ja – und nein. Wer sein Geld damit verdienen will, Fehlbewertungen an Kapitalmärkten auszunutzen, muss clever und informiert sein und viel Zeit investieren. Geschenkt wird diesen Leuten nichts. Wenn sie ihre Zeit und Energie als Mediziner/-innen, Programmierer/-innen oder Unternehmensberater/-innen einsetzen würden, würden sie aber wohl auch viel Geld verdienen. Das Geld, das sie am Kapitalmarkt verdienen, ist gewissermaßen die Entlohnung ihrer Arbeit. Anleger, die brav in Indexfonds investieren, erzielen damit eine angemessene Rendite und können noch anderswo arbeiten und dafür Geld verdienen.

No risk no return

Langweilig wird es aber auch für die einfachen Anleger nicht, die sich an die Empfehlungen der Kapitalmarkttheorie halten und ihr Geld in Indexfonds investieren. Denn die Rendite ist nicht sicher. Wer mehr will, dem kann auch mehr versprochen werden, aber nur für den Preis höherer Risiken. Worin das Risiko besteht, das Rendite treibt, sagt uns das CAPM. No systematic risk no return – so sollte es eigentlich heißen.

Fairly simple models can yield great insights

Im Zuge der jüngsten Finanzkrisen sind auch die in der Finanzbranche üblichen Modelle teilweise in die Kritik geraten. Ihnen wird gerne Mitschuld daran gegeben, dass Risiken übersehen wurden. Diese Kritik ist allerdings oft sehr pauschal und schlecht begründet. Hier zwei Beispiele: In der Subprime-Krise haben Verbriefungsinstrumente, mit denen

Immobilienkredite in handelbare Wertpapiere umstrukturiert wurden, eine große Rolle gespielt. Mit Standardmodellen, die auf der Normalverteilung basieren, kann man leicht zeigen, dass solche Instrumente ein sehr hohes systematisches Risiko beinhalten können. Dieses riss in der Subprime-Krise große Löcher in viele Bankbilanzen - und gefährdete das System, weil es in vielen Banken gleichzeitig passierte. Dieses gleichzeitige Auftreten von Verlusten ist aber gerade die Natur systematischen Risikos. Darauf wurde schon vor Ausbruch der Krise hingewiesen und die Gefahren hätten entsprechend von Aufsichtsbehörden und Managern gesehen werden können. Die Entscheider hatten sich aber offenbar nicht recht mit den Standardmodellen auseinandergesetzt oder setzten sich darüber hinweg, weil andere Dinge wichtiger erschienen – der nächste Bonus zum Beispiel. Das CAPM wiederum erklärt, warum die Verbriefungsinstrumente so beliebt waren: Das Eingehen von systematischen Risiken wird mit einer höheren erwarteten Rendite belohnt. Wenn man bei der Investmententscheidung die Risiken ausblendet und nur auf die erwartete Rendite schaut, erscheinen Instrumente mit hohem systematischem Risiko attraktiv.

Als zweites Beispiel seien die Ergebnisse von Modigliani und Milller angeführt. Sie zeigen, dass das bei Bankern sehr beliebte Argumente „Eigenkapital ist teuer. Höhere Eigenkapitalanforderungen an Banken machen Banking daher unattraktiver und können zu einer Kreditklemme führen" ohne zusätzliche Argumente ziemlich fragwürdig ist. Denn in der Modigliani-Miller-Welt geht eine Erhöhung der Eigenkapitalquote mit einem Rückgang der Eigenkapitalkosten einher und die Kapitalkosten ändern sich am Ende nicht. In der Realität mag Modigliani-Miller nicht in der Reinform gelten, aber trotzdem ist keineswegs klar, dass die Grundeinsicht nicht mehr gilt. Zudem sind viele Abweichungen von den Modellannahmen auf staatliche Eingriffe (Steuersystem, Behandlung von Banken im Insolvenzfall) zurückzuführen. Falls Banken in der Praxis Anreize haben sollten, mit wenig Eigenkapital zu agieren, sind diese Anreize daher nicht unvermeidlicher Systembestandteil, sondern können vom Staat mit beeinflusst werden.

There is an alternative

In der Politik stellt man Dinge gerne als alternativlos dar. In der Finanzwelt wäre dies ein Riesenfehler. Alternativen nicht zu betrachten heißt nicht nur, interessante Möglichkeiten außer acht zu lassen. Durch die Betrachtung von Alternativen kommen wir in der Finanzierungstheorie oft erst zur Lösung eines Problems. Wollen wir wissen, was X wert ist, suchen wir uns ein Y, das uns in der Zukunft dasselbe liefert wie X, von dem wir aber heute den Preis kennen. Ökonomen nennen das eine Anwendung des *Law of One Price*. Identische Dinge sollten einen identischen Preis haben. Das nutzen wir immer wieder aus.

Begriffe Englisch-Deutsch mit Kürzeln und Symbolen

At-the-money	Am Geld	
Beta	Beta	β
Cost of capital	Kapitalkosten	k
Cost of equity	Eigenkapitalkosten	e
Dividend discount model	Dividenden-Diskontierungsmodell	
Duration	Duration	D
Earnings per share (EPS)	Gewinn pro Aktie	G
Efficient frontier	Effizienter Rand	
Expected return	Erwartete Rendite	μ
Free cash flow	Free Cash Flow	FCF
Implied volatility	Implizite Volatilität	
In-the-money	Im Geld	
Leverage	Verschuldung / "Hebel"	
Market model	Marktmodell	
Maturity	Fälligkeit	T
Net present value	Kapitalwert	K_0
Non-systematic, idiosyncratic risk	Unsystematisches, idiosyn-kratisches Risiko	$Var(u)$
Out-of-the money	Aus dem Geld	
Payout-ratio	Ausschüttungsquote	a
Price-Earnings-ratio (PE)	Kurs-Gewinn-Verhältnis	KGV
Replicating portfolio	Replizierendes Portfolio	
Return on assets	(Gesamt-)Kapitalrendite	ROA
Return on equity	Eigenkapitalrendite	ROE
Root-T-rule, square root of time rule	Wurzel-T-Regel	
Standard deviation	Standardabweichung	σ
Strike (price)	Ausübungskurs	X
Weighted average cost of capital	Gewogene durchschnittliche Kapitalkosten	wacc

Stichwortverzeichnis

Anleihe, 9

Arbitrage, 31, 126, 131, 145

Asset-Beta, 99

Außenfinanzierung, 2

Beta, 57

Bezugsrecht, 6

Bid-Ask-Spread, 12

Binomialbaumverfahren, 131

Black-Scholes-Formel, 139

Call-Option, 119

Capital Asset Pricing Modell, 88

Discounted-Cash-Flow-Methode, 105

Diversifikationseffekt, 54

Dividenden-Diskontierungsmodell, 19

Duration, 63

Durchschnittsrendite, 43

Effizienzlinie, 80

Eigenkapitalfinanzierung, 4

Erwartungsnutzentheorie, 67

Forwards und Futures, 142

Free Cash Flow, 105

Fremdkapitalfinanzierung, 8

Gordon-Growth-Formel, 20

Hebeleffekt, 29

Hedging, 143

implizite Volatilität, 140

Indizes, 39

Informationseffizienz, 148

Innenfinanzierung, 2

IPO, 5

Jensens Alpha, 100

Kapitalerhöhung, 5

Kapitalmarktlinie, 90

Kapitalwert, 14

Konfidenzintervalle, 46

Kreditvertrag, 9

Markowitz, 75

Marktkapitalisierung, 40

Marktmodell, 57

Marktportfolio, 89

Modigliani und Miller, 31

Multiple, 114

Portfoliotheorie, 75

Portfoliovarianz, 52

Put-Call-Parität, 130

Put-Option, 119

Relative Unternehmensbewertung, 114

Return on equity, 26, 29

Risikoaversion, 70

Risikofreude, 70

Risikoneutralität, 71

Risikoprämie, 71

Sharpe Ratio, 88

Sicherheitsäquivalent, 71

Standardabweichung der Renditen, 45

Stetige Rendite, 49

systematisches Risiko, 60

Tangentialportfolio, 85

Tobinsches Separationstheorem, 86

unsystematisches Risiko, 60

VC-Finanzierung, 7

wacc, 107

Wertorientierte Unternehmenssteuerung, 112

Wertpapiermarktlinie, 92

Wurzel-*T*-Regel, 62

Einige mathematisch-statistische Grundlagen

a, b, c, d sind Konstanten; X, Y, Z Zufallsvariablen

Erwartungswert $\qquad E[a + bX + Y] = a + bE[X] + E[Y]$

Varianz und Co

Varianz: $\qquad\qquad \mathrm{Var}[aX + bY] = a^2\,\mathrm{Var}[X] + b^2\,\mathrm{Var}[Y] + 2ab\,\mathrm{Cov}[X,Y]$

Standardabweichung: $\quad \sigma[X] = \sqrt{\mathrm{Var}[X]}$

Kovarianz: $\qquad\qquad \mathrm{Cov}[X,X] = \mathrm{Var}[X]$

$\qquad \mathrm{Cov}[aX + bY, cX + dZ] = ac\,\mathrm{Var}[X] + bc\,\mathrm{Cov}[Y,X] + ad\,\mathrm{Cov}[X,Z] + bd\,\mathrm{Cov}[Y,Z]$

Korrelation: $\qquad\qquad \rho_{XY} = \dfrac{\mathrm{Cov}[X,Y]}{\sigma[X]\sigma[Y]}$

Schätzen: mit Beobachtungen $x_t,\ t = 1, \dots, T$ (z.B. jährliche Renditen von 1 bis T) sind unverzerrte Schätzer für

Standardabweichung von x: $\quad s = \sqrt{\dfrac{1}{T-1}\sum_{t=1}^{T}(x_t - m)^2} \qquad$ mit $m = \dfrac{1}{T}\sum_{t=1}^{T} x_t$

Standardfehler des arithm. Mittels m: $\qquad s(m) = s/\sqrt{T}$

Für die Steigung in der Regression $y_t = a + bx_t + u_t$
führt die Kleinst-Quadrat-Methode zu $\qquad\qquad \hat{b} = \dfrac{\mathrm{Cov}[y,x]}{\mathrm{Var}[x]}$

Matrizenrechnung : „Zeile i mal Spalte j führt zu Element ij"

$$\begin{bmatrix} a_{11} & a_{12} \\ a_{21} & a_{22} \end{bmatrix}\begin{bmatrix} b_{11} & b_{12} \\ b_{21} & b_{22} \end{bmatrix} = \begin{bmatrix} a_{11}b_{11} + a_{12}b_{21} & a_{11}b_{12} + a_{12}b_{22} \\ a_{21}b_{11} + a_{22}b_{21} & a_{21}b_{12} + a_{22}b_{22} \end{bmatrix}$$

$$\begin{bmatrix} a_{11} & a_{12} \\ a_{21} & a_{22} \end{bmatrix}\begin{bmatrix} b_1 \\ b_2 \end{bmatrix} = \begin{bmatrix} a_{11}b_1 + a_{12}b_2 \\ a_{21}b_1 + a_{22}b_2 \end{bmatrix}$$